Ana Maria Trinconi Borgatto
Mestra em Letras pela Universidade de São Paulo (USP)
Pós-graduada em Estudos Comparados de Literaturas de Língua Portuguesa pela USP
Licenciada em Letras pela USP
Pedagoga graduada pela USP
Professora universitária
Professora de Língua Portuguesa do Ensino Fundamental e Médio
Atuação em processos de formação de professores

Terezinha Costa Hashimoto Bertin
Mestra em Ciências da Comunicação pela Universidade de São Paulo (USP)
Pós-graduada em Comunicação e Semiótica pela Pontifícia Universidade Católica de São Paulo (PUC-SP)
Licenciada em Letras pela USP
Atuou como professora universitária e professora de Língua Portuguesa do Ensino Fundamental e Médio
Atuação em processos de formação de professores

Vera Lúcia de Carvalho Marchezi
Mestra em Letras pela Universidade de São Paulo (USP)
Pós-graduada em Estudos Comparados de Literaturas de Língua Portuguesa pela USP
Licenciada em Letras pela Universidade Estadual Paulista "Júlio de Mesquita Filho" (Unesp – Araraquara, SP)
Professora universitária
Professora de Língua Portuguesa do Ensino Fundamental e Médio
Atuação em processos de formação de professores

O nome *Teláris* se inspira na forma latina *telarium*, que significa "tecelão", para evocar o entrelaçamento dos saberes na construção do conhecimento.

TELÁRIS
PORTUGUÊS
CADERNO DE ATIVIDADES

7

editora ática

Direção Presidência: Mario Ghio Júnior
Direção de Conteúdo e Operações: Wilson Troque
Direção editorial: Luiz Tonolli e Lidiane Vivaldini Olo
Gestão de projeto editorial: Mirian Senra
Gestão de área: Alice Ribeiro Silvestre
Coordenação: Rosângela Rago
Edição: Lígia Gurgel do Nascimento e Valéria Franco Jacintho (editoras) e Débora Teodoro (assist.)
Planejamento e controle de produção: Patrícia Eiras e Adjane Queiroz
Revisão: Hélia de Jesus Gonsaga (ger.), Kátia Scaff Marques (coord.), Rosângela Muricy (coord.), Aline Cristina Vieira, Ana Curci, Ana Maria Herrera, Ana Paula C. Malfa, Brenda T. M. Morais, Daniela Lima, Diego Carbone, Gabriela M. Andrade, Hires Heglan, Lilian M. Kumai, Luciana B. Azevedo, Marília Lima, Maura Loria, Patricia Cordeiro, Paula Rubia Baltazar, Paula T. de Jesus, Raquel A. Taveira, Ricardo Miyake, Vanessa P. Santos; Amanda T. Silva e Bárbara de M. de Genereze (estagiárias)
Arte: Daniela Amaral (ger.), Erika Tiemi Yamauchi (coord.), Katia Kimie Kunimura (edição de arte)
Diagramação: Renato Akira dos Santos e Typegraphic
Iconografia e tratamento de imagens: Sílvio Kligin (ger.), Claudia Bertolazzi (coord.), Jad Silva e Monica de Souza/Tempo Composto (pesquisa iconográfica); Cesar Wolf e Fernanda Crevin (tratamento)
Licenciamento de conteúdos de terceiros: Thiago Fontana (coord.), Liliane Rodrigues (licenciamento de textos), Erika Ramires, Luciana Pedrosa Bierbauer, Luciana Cardoso e Claudia Rodrigues (analistas adm.)
Ilustrações: Carlos Araújo
Design: Gláucia Correa Koller (ger.), Adilson Casarotti (proj. gráfico e capa), Erik Taketa (pós-produção); Gustavo Vanini e Tatiane Porusselli (assist. arte)
Foto de capa: Hero Images/Getty Images

Todos os direitos reservados por Editora Ática S.A.
Avenida das Nações Unidas, 7221, 3º andar, Setor A
Pinheiros – São Paulo – SP – CEP 05425-902
Tel.: 4003-3061
www.atica.com.br / editora@atica.com.br

Dados Internacionais de Catalogação na Publicação (CIP)

```
Trinconi, Ana
   Teláris língua portuguesa 7º ano / Ana Trinconi,
Terezinha Bertin, Vera Marchezi. - 3. ed. - São Paulo :
Ática, 2019.

   Suplementado pelo manual do professor.
   Bibliografia.
   ISBN: 978-85-08-19316-5 (aluno)
   ISBN: 978-85-08-19317-2 (professor)

   1.  Língua Portuguesa (Ensino fundamental). I.
Bertin, Terezinha. II. Marchezi, Vera. III. Título.

2019-0104                            CDD: 372.6
```

Julia do Nascimento – Bibliotecária – CRB-8/010142

2023
Código da obra CL 742178
CAE 648315 (AL) / 648314 (PR)
3ª edição
6ª impressão
De acordo com a BNCC.

Impressão e acabamento: Bercrom Gráfica e Editora

Apresentação

Colaborar no aprimoramento de suas habilidades de ler, compreender, interpretar e produzir textos é o objetivo fundamental dos estudos propostos nas aulas de Língua Portuguesa.

O uso da língua no dia a dia, os diversos recursos linguísticos em diferentes situações comunicativas, assim como as regras e convenções do português, são trabalhados para ampliar seu domínio sobre formas de expressão.

O **Caderno de Atividades** foi pensado para que você possa rever os conteúdos estudados em cada um de seus livros do *Projeto Teláris Português*. Aqui você encontrará:

- esquemas de revisão dos assuntos tratados no livro;
- atividades que vão ajudá-lo a refletir sobre usos da língua portuguesa;
- desafios da língua.

Neste **Caderno de Atividades** há ainda uma seção para você avaliar suas habilidades de leitura: *Conhecimento em teste*.

Lembre-se: exercitar é uma forma de estudar.

Ana, Terezinha e Vera

SUMÁRIO

Unidade 1

Ler para se informar: um modo de aprender 5

Verbo I 5
Número, pessoa e tempo 5
Uso de tempos e modos verbais 8

Desafios da língua 10
A escrita e os sons da fala: palavras terminadas em *-am* e *-ão* 10

Unidade 2

Entrevista 12

Verbo II 12
Usos do presente 12
Formas nominais 15

Desafios da língua 17
Usos de variedades linguísticas 17

Conhecimento em teste 20

Unidade 3

Foco na informação 22

Frase, oração e período 22

Desafios da língua 23
Coesão textual: uso de *mas* ou *mais* 23

Unidade 4

Criar com palavras... 25

Recursos estilísticos: sentido figurado e recursos de construção 25

Desafios da língua 29
e/*i* na palavra 29
o/*u* na palavra 31
-ao/*-au*/*-al* em final de sílaba 31
-éu/*-el* em final de palavras 32
-ou/*-ol* no meio da palavra 32
-io/*-il*/*-iu* em final de palavras 33

Conhecimento em teste 35

Unidade 5

Histórias para ler e representar 36
O sujeito na oração 36
Vocativo e aposto 38

Desafios da língua 40
Pontuação e efeitos de sentido 40
Uso de aspas 43
Uso da vírgula 45

Unidade 6

Histórias para estimular a imaginação 46

Determinantes do substantivo: sentidos para o texto 46

Desafios da língua 50
A pronúncia das palavras 50

Conhecimento em teste 52

Unidade 7

Histórias para ler com prazer 54
Oração: sujeito e predicado 54
Predicado nominal e predicado verbal 55

Desafios da língua 56
Acento tônico e acento gráfico 56

Unidade 8

Defender ideias e opiniões... 57

Formas de organizar as orações: tipos de predicado 57
Oração sem sujeito 59
Ordem frasal e efeitos de sentido no texto 60

Desafios da língua 61
Regras de acentuação 61
Monossílabos tônicos e monossílabos átonos 61
Acento diferencial 61

Conhecimento em teste 63

UNIDADE 1

Ler para se informar: um modo de aprender

Verbo I

Número, pessoa e tempo

1▸ Complete o esquema sobre verbo com os termos que faltam. Se precisar, consulte a Unidade 1 de seu livro.

Verbo
Palavra que pode indicar ação, estado, mudança de estado, fenômeno da natureza e outros processos, situando-os no tempo.

Flexões

Pessoa	Número	Tempo	Modo
1ª Eu/nós 2ª Tu/vós/você(s) 3ª Ele(s)/ela(s)	_____ _____	_____ _____ _____	• Indicativo • Subjuntivo • Imperativo

2▸ Leia a chamada de uma notícia publicada na primeira página de um jornal.

> **Menina prodígio**
> Com ouro e prata, estreante Flávia Saraiva é a melhor do Brasil na Copa de ginástica em SP.
> *Folha de S.Paulo*. São Paulo, 4 maio 2015.

▽ Flávia Saraiva compete no ginásio do Ibirapuera em São Paulo, 2015.

a) Copie as formas verbais da notícia e da legenda da foto.
_____

b) Qual é o tempo indicado em cada uma dessas formas?
_____

3▸ Indique o tempo em que estão as formas verbais destacadas nos títulos de notícia de jornal a seguir.

a)
> Europa **captura** 5 800 imigrantes em 2 dias.
> *Folha de S.Paulo*, 4 maio 2015.

_____

b)
> Sabesp **elevará** conta de água em 15%, acima da inflação.
> *Folha de S.Paulo*, 5 maio 2015.

_____

UNIDADE 1   5

c) "Prima" da dengue, febre chikungunya **avança** pelo país. Transmitida pelo mosquito, doença que **chegou** ao Brasil em setembro já **foi registrada** em 16 estados.

Folha de S.Paulo, 4 maio 2015.

d) Geração que **viu** dois piores tremores do Nepal **revive** o medo

Folha de S.Paulo, 3 maio 2015.

4 ▸ Geralmente as notícias referem-se a fatos já acontecidos. Como se pode explicar a presença de formas verbais no presente em alguns títulos de notícia?

_____
_____

5 ▸ Leia parte de uma notícia sobre instalação de internet na Índia prejudicada por macacos.

Macaco atrasa plano de internet na Índia

Animais **comem** fibras ópticas e **atrapalham** projeto de US$ 18 bilhões do governo para universalizar banda larga
Retirada ou prisão de símios de cidade sagrada **é descartada**, pois são venerados por muitos fiéis.

A Índia **lançou** um plano de US$ 18 bilhões para levar a revolução da informação às províncias do país, mas os problemas que os indianos **enfrentam** vêm todos do passado — escassez de eletricidade, cidades congestionadas e mal planejadas e macacos.

[...] Varanasi [cidade da Índia] também é o lar de centenas de macacos que **vivem** nos templos da cidade e **são temidos** e **venerados** pelos fiéis.

Mas os macacos também **devoram** os cabos de fibra óptica estendidos ao longo do rio Ganges. [...]

Folha de S.Paulo. São Paulo, 3 maio 2015. Mercado, p. A21.

a) Além dos macacos, que outros fatores prejudicam a expansão da internet nas províncias indianas?
_____

b) Por que não é tomada nenhuma providência contra os macacos?
_____
_____

c) Explique o que você entendeu deste trecho:

[...] os problemas que os indianos **enfrentam vêm** todos do passado — escassez de eletricidade, cidades congestionadas e mal planejadas e macacos.

_____
_____

d) Observe as formas verbais destacadas na notícia. Qual é o tempo predominante?
_____

e) Transcreva da notícia a oração em que a forma verbal não está no tempo que você apontou no item anterior. Indique em que tempo essa forma se encontra.
_____
_____

UNIDADE 1

f) Reescreva a frase a seguir, alterando os verbos para o pretérito, indicando um fato concluído.

> Animais **comem** fibras ópticas e **atrapalham** projeto de US$ 18 bilhões do governo para universalizar banda larga.

_____
_____

g) Reescreva o título da notícia para dar a ideia de futuro ao fato.

_____
_____

6▸ Leia um trecho do texto "O mundo em um jardim", de Regina Horta Duarte.

> Um marco decisivo da minha passagem da infância à adolescência **foi** a derrubada do jardim de minha casa, em 1977. Apesar de absorvida pelas inquietações da puberdade, **assisti** com tristeza às obras que papai **empreendeu** para construir uma garagem.
>
> O jardim **tinha sido** meu lugar preferido. [...] **Explorei** o mundo subterrâneo das minhocas e formigas, **colecionei** joaninhas para depois libertá-las [...].
>
> [...] Os vizinhos **levavam** folhas do sabugueiro para fazer chá. [...]
>
> *Folha de S.Paulo*. São Paulo, 20 mar. 2011. Ilustríssima, p. 9.

a) Em seu relato, a escritora afirma que a derrubada do jardim de sua casa foi um *marco decisivo* de uma fase de sua vida. Explique o sentido dessa frase e o que significou esse fato para a autora.

_____
_____
_____
_____

b) Transcreva as cinco formas verbais que indicam ação.

_____
_____

7▸ Releia o trecho do texto de Regina Horta Duarte reproduzido na atividade 6. Nesse trecho predominaram as formas verbais no passado/pretérito. Conforme estudamos na Unidade 1, as formas verbais no passado/pretérito podem expressar aspectos diferentes. Reveja os aspectos que o pretérito pode indicar:

A. Pretérito perfeito: ação iniciada, terminada, concluída no passado.
B. Pretérito imperfeito: ação habitual, frequente no passado.
C. Pretérito mais-que-perfeito: ação anterior a outra ação também no passado.

a) Para cada forma verbal, escreva a letra correspondente ao aspecto que o pretérito empregado expressa no texto.

- foi ( )
- empreendeu ( )
- colecionei ( )
- assisti ( )
- tinha sido ( )
- levavam ( )

b) Qual é o aspecto de pretérito predominante no trecho? Explique.

_____
_____

UNIDADE 1

Uso de tempos e modos verbais

Para relembrar:

1. Leia um trecho do livro *Duas viagens ao Brasil*, de Hans Staden.

> O mar ficou muito agitado, pois o vento sul **chocava-se** contra as ondas do norte. **Ficou** também tão escuro que **não se podia ver** nada. O pessoal **temia** os enormes raios e as fortes trovoadas. Ninguém **sabia** onde se segurar para enrolar as velas. Todos **pensávamos** que **nos afogaríamos** naquela noite. Mas Deus **quis** que o tempo **mudasse** e **melhorasse**. [...]
>
> STADEN, Hans. *Duas viagens ao Brasil*: primeiros registros sobre o Brasil.
> Porto Alegre: L&PM Pocket, 2008.

a) Nesse livro, o viajante Hans Staden relata suas aventuras nos primeiros tempos da colonização do Brasil. O trecho que você leu narra um momento de tempestade em alto-mar. Observe os verbos assinalados e responda: Qual é o tempo predominante empregado pelo narrador para contar os fatos?

_____

b) Releia as formas verbais a seguir, empregadas no trecho.

| chocava-se | não se podia ver | temia | sabia | pensávamos |

Essas formas verbais foram empregadas no pretérito imperfeito do indicativo. Elas expressam:
- fatos que ocorreram durante a tempestade em um dado momento apenas. ( )
- fatos que poderiam acontecer, caso a tempestade aumentasse. ( )
- fatos que estavam acontecendo continuamente durante a tempestade. ( )
- fatos contados no passado, mas que ocorreram até o momento presente. ( )

c) Releia a frase a seguir e observe o uso dos verbos destacados.

> Mas Deus **quis** que o tempo **mudasse** e **melhorasse**.

As formas *mudasse* e *melhorasse* estão no pretérito do subjuntivo. O subjuntivo é o modo do verbo que geralmente indica um desejo, uma hipótese, que pode ou não se tornar real. Pode-se afirmar que, nessa frase, as formas verbais do subjuntivo indicam o desejo, no passado, de algum ser? Nesse contexto, o desejo parece se realizar? Explique.

_____
_____
_____
_____

UNIDADE 1

2▸ Leia a tira a seguir.

WALKER, Mort. Recruta Zero. *O Estado de S. Paulo*. São Paulo, 6 fev. 2015. Caderno 2, p. C4.

a) No primeiro quadrinho, a que tipo de serviço o senhor se refere ao saudar os soldados?

_____

_____

b) Na fala do segundo quadrinho, a palavra *você* está destacada. Qual é a provável razão disso?

_____

_____

c) Releia a fala e, a seguir, copie o que se pede.

> — Se ele **visse** o tipo de serviço que *você* **faz**, não **ficaria** tão grato!

- A(s) forma(s) verbal(ais) que indica(m) fato real, ação que ocorre efetivamente: _____
- A(s) forma(s) verbal(ais) que indica(m) algo incerto, hipotético: _____

3▸ Leia a tira a seguir.

SCHULZ, Charles M. Minduim. *O Estado de S. Paulo*. São Paulo, 9 jun. 2015. Caderno 2, p. C2.

a) Leia dois sentidos possíveis para a palavra *gororoba*:

> **gororoba**
> **1.** refeição, comida; **2.** comida malfeita e/ou de má qualidade; bucha, grude [...]
>
> INSTITUTO ANTONIO HOUAISS. *Dicionário eletrônico Houaiss da língua portuguesa*. Rio de Janeiro: Objetiva, 2009.

Em qual dos dois sentidos a personagem Lucy empregou essa palavra no primeiro quadrinho?

_____

_____

b) Releia a fala de Lucy e observe as formas verbais em destaque.

> —Vamos lá, **experimenta**. Se você não **tiver** dinheiro, **paga** no cartão.

Agora escreva a forma verbal da frase correspondente a cada modo a seguir.

- Indicativo: expressa algo real, certo. _____
- Subjuntivo: expressa algo possível, hipótese. _____
- Imperativo (informal): pedido. _____

c) No quarto quadrinho, Lucy, indignada, faz uma afirmação enfática. Copie a forma verbal que ela empregou para expressar o que pensa sobre Snoopy e indique o modo usado. Explique esse uso.

_____
_____

4▸ Leia a tira a seguir.

WATTERSON, Bill. O melhor de Calvin. *O Estado de S. Paulo*. São Paulo, 1º fev. 2015. Caderno 2, p. C6.

a) Se lermos apenas o primeiro quadrinho, o que a fala de Calvin pode expressar?

_____

b) Releia a fala do tigre no terceiro quadrinho.

> Quem sabe **se você lavasse** as mãos.

Qual é o modo da forma verbal destacada? Que ideia esse modo verbal expressa?

_____

c) A fala do tigre relida no item **b** desta questão vale-se do modo verbal indicado para expressar:
- a ideia de algo certo, inevitável. ( )
- uma ordem, um comando. ( )
- uma possibilidade, uma sugestão. ( )
- uma ironia. ( )

Desafios da língua

A escrita e os sons da fala: palavras terminadas em *-am* e *-ão*

Você estudou na Unidade 1 a escrita e os sons da fala: **-am/-ão**. E sabe que há sons que são escritos com letras diferentes, mas são pronunciados de forma igual ou semelhante.

Vamos relembrar:

- /ãum/ → **ão** → como em *escorregarão*
- /ãum/ → **am** → como em *escorregaram*
- **-ão** → terminação de formas verbais no futuro
- **-am** → terminação de formas verbais no pretérito e no presente

UNIDADE 1

1 Leia a tirinha reproduzida a seguir.

BROWNE, Dik. Hagar. *Folha de S.Paulo*. São Paulo, 7 jun. 2015. Disponível em: <www1.folha.uol.com.br/ilustrada/cartum/cartunsdiarios/?cmpid=menulate#7/6/2015>. Acesso em: mar. 2019.

a) Releia o último balão da tira. A que vitórias o personagem se refere?

_____

b) Segundo a tirinha, o que faz os inimigos se renderem?

c) Reescreva a fala de Hagar do segundo quadrinho no pretérito perfeito do indicativo. Faça as adaptações necessárias para que ela tenha sentido.

_____

2 Leia a tirinha reproduzida a seguir.

BROWNE, Dik. Hagar. *Folha de S.Paulo*. São Paulo, 23 maio 2015. Disponível em: <www1.folha.uol.com.br/ilustrada/cartum/cartunsdiarios/#23/5/2015>. Acesso em: mar. 2019.

a) No segundo quadrinho, Hagar emprega o futuro do presente para responder ao que Helga lhe pergunta: "Não recusarão." Por que ele emprega esse tempo verbal?

_____

b) Quais elementos visuais da tirinha reforçam a fala de Hagar?

_____

c) Reescreva as falas da tirinha no pretérito perfeito do indicativo, isto é, como se as ações já tivessem ocorrido.

_____

UNIDADE 2

Entrevista

Usos do presente

Para relembrar:

Emprego do tempo presente

- Para indicar fato ou estado **habitual**, contínuo, **frequente**.
- Para indicar fato que ocorre no **momento** da situação de fala.
- No lugar do pretérito sugerindo a **atualidade** dos fatos narrados para causar mais impacto, em especial quando usado como **presente histórico**.
- Para indicar ação próxima, **posterior** à situação de fala ou de registro.

1 ▸ Leia a capa da revista *Galileu* e coloque em teste o que você aprendeu sobre o emprego do tempo presente.

Galileu. São Paulo: Globo, n. 241, ago. 2011.

a) A manchete de capa está no modo:
- indicativo. ( )
- subjuntivo. ( )
- imperativo. ( )

b) Sabendo que turbinar significa "reforçar, elevar a uma determinada potência", percebe-se que a ilustração da capa combina com a manchete porque traz:
- a representação da memória como parte do cérebro. ( )
- o cérebro junto à fumaça saindo de escapamentos. ( )
- uma representação do cérebro como se tivesse sido turbinado. ( )

c) Releia o subtítulo:

> Novos estudos descobrem como lembrar de tudo. Funciona — e é mais simples do que você pensa.

O emprego do tempo presente indica que, em relação à data de publicação da revista, os fatos:
- são atuais. ( )
- são frequentes. ( )
- são antigos. ( )
- ocorrem depois da publicação da revista. ( )

d) Se a intenção não fosse chamar a atenção do leitor para a atualidade do assunto, os verbos do subtítulo poderiam estar no tempo:
- futuro. ( )
- presente. ( )
- pretérito. ( )

2▸ Leia a página com o índice das matérias publicadas nesse número da revista *Galileu*.

Galileu. São Paulo: Globo, n. 241, ago. 2011.

Copie da parte destacada em vermelho:

- o título da matéria e o subtítulo que não utilizam nenhuma forma verbal.

_____

- um título com uma forma verbal no tempo presente com ideia de ação habitual, frequente.

_____

3 ▸ Releia este balão de fala que faz parte do índice da revista da atividade anterior e responda às questões.

a) Qual é o tempo das formas verbais destacadas?

_____

b) Qual destas alternativas justifica o uso desse tempo verbal?
- Trata-se de ações habituais, frequentes. ( )
- São ações que ocorrem no momento da fala. ( )
- Esse tempo é empregado para dar ideia de atualidade ao fato noticiado. ( )
- São ações posteriores à situação de fala ou de registro. ( )

c) Copie do quadro a seguir o título da matéria que tem um verbo no imperativo.

_____

d) A forma verbal em destaque no trecho abaixo está no presente ou no passado? Explique.

> Ativistas anônimos: **Entrevistamos** os principais grupos envolvidos com os recentes ataques *hackers* no Brasil

_____
_____
_____

e) Copie a **forma verbal** e o **número da página** dos títulos de matéria que trazem:

Forma verbal no futuro	Forma verbal no pretérito	Forma verbal no presente

f) Copie o título em que a forma verbal no **presente** indica fato, ação ou estado:

Habitual, frequente	Que ocorre no momento da situação de fala	Utilizado no lugar do pretérito para dar ideia de atualidade e causar mais impacto	Posterior à situação de fala ou de registro

Formas nominais

Para relembrar:

1▸ Reescreva os títulos das matérias publicadas na revista *Galileu*, flexionando os verbos destacados na 1ª pessoa do plural. Faça as mudanças necessárias para que continuem com sentido.

a) **Duvide** da Ciência: Por que você não **deve** acreditar em tudo o que **lê** em pesquisas.

_____

_____

b) Você **tem** que conhecer o *rapper* que cria rimas com a teoria de Charles Darwin.

_____

_____

2▸ Copie dos títulos da atividade anterior as locuções verbais. _____

3▸ Essas locuções verbais foram compostas com uma forma nominal. Qual? _____

4▸ Como você localizaria em um dicionário cada um dos verbos que, junto a essa forma nominal, compuseram as locuções verbais desses títulos?

a) deve: _____

b) tem: _____

5. Divirta-se com a leitura da história em quadrinhos reproduzida a seguir e responda às questões que seguem.

a) Por quem Papa-Capim parece estar apaixonado? Com base em que elementos da história você respondeu a essa pergunta?

_____
_____
_____
_____
_____
_____
_____
_____
_____
_____

b) Copie da história o texto de um balão de fala em que aparecem as seguintes formas nominais:

- infinitivo:
_____
_____
_____

- gerúndio:
_____
_____
_____

- particípio:
_____
_____
_____

SOUSA, Mauricio de. *Chico Bento*. n. 17. Caixa Turma da Mônica. Coleção histórica. v. 17.

6 Você leu a capa e o índice da revista *Galileu* que tinha como manchete a frase: "Turbine sua memória". Leia agora um trecho dessa matéria.

> 1. **Dê um tempo**
>   Calcular intervalos entre sessões de estudo ajuda a lembrar na hora da prova.
> 2. **Lembre enquanto aprende**
>   Recordar algo que você recém aprendeu é chave pra fixar o conteúdo.
> 3. **Durma de tarde**
>   Cochilar depois do almoço é um santo remédio: ajuda até a memória.
> 4. **Abuse da *comic sans***
>   Fontes difíceis de ler ajudam o cérebro a guardar o que está escrito.

a) Observe que nos itens 1, 2, 3 e 4 do texto foi empregado o modo imperativo. Explique por que foi feita essa escolha.

_____

_____

b) Copie as formas verbais que estão no modo imperativo.

_____

c) Copie as formas verbais que estão no infinitivo.

_____

d) Leia as formas verbais indicadas no quadro e complete-o com as formas nominais correspondentes.

Forma verbal	Infinitivo	Gerúndio	Particípio
dê			
lembre			
é			
durma			

Desafios da língua

Usos de variedades linguísticas

Para relembrar:

Variedades linguísticas

→ **Linguagem mais formal**

Geralmente:
- mais planejada;
- mais monitorada;
- segue as regras da gramática normativa, baseada em usos considerados de maior prestígio.

→ **Linguagem mais informal**

Geralmente:
- menos planejada;
- menos monitorada;
- o usuário da língua emprega predominantemente uma gramática natural incorporada pelo uso.

▶ Leia o cartaz a seguir, criado por uma empresa de propaganda para a comemoração de aniversário de uma instituição de ensino.

Cartaz sobre campanha de uso consciente de recursos.

a) Qual é o objetivo da campanha veiculada pelo cartaz?
_____
_____

b) Leia estas palavras e seu significado:
- **hidrômetro**: instrumento que mede o consumo de água;
- **termômetro**: instrumento que mede a temperatura.

Como pode ser explicado o sentido da palavra *desconfiômetro* no contexto do cartaz?
_____
_____
_____

c) O termo *desconfiômetro* pode ser considerado próprio da linguagem formal, mais monitorada? Explique.
_____
_____
_____
_____

d) Observe novamente a imagem criada para o cartaz: um termômetro imerso no planeta Terra. Observe também os elementos que estão ao redor do planeta.

Com base nesses elementos do cartaz, o foco mais importante da campanha parece ser o cuidado com:
- brinquedos. ( )
- meio ambiente. ( )
- produtos industrializados. ( )
- aparelhos eletrônicos. ( )

e) Releia a frase do cartaz.

> Entre você também para o movimento **EU TENHO DESCONFIÔMETRO** e mostre que você é legal, antenado, consciente, descolado e usa apenas o necessário sem desperdício.

Transcreva a seguir termos geralmente empregados na linguagem mais informal.

_____
_____

f) Das palavras transcritas, quais podem ser consideradas gírias?

_____

g) Pelo tipo de expressões escolhidas para a mensagem, qual é o provável interlocutor, leitor ou público-alvo desse cartaz? Explique.

_____
_____

h) Em sua opinião, a linguagem do cartaz é intencional ou casual e espontânea? Explique sua resposta.

_____
_____
_____

i) Concluindo o estudo sobre a propaganda, pode-se afirmar que o produtor do anúncio em forma de cartaz teve a intenção de empregar uma linguagem mais próxima do leitor que pretendia atingir, por isso elaborou um texto em linguagem:
- mais formal, monitorada e planejada. ( )
- mais informal, espontânea e menos planejada. ( )
- mais informal e muito planejada. ( )
- mais formal e pouco planejada. ( )

CONHECIMENTO EM TESTE

Texto 1

O cervo e o leão
Esopo

Bebia um cervo em um riacho quando viu seu reflexo na água. Observou suas pernas finas e achou-as muito feias, enquanto que considerou a galhada de seus chifres muito bonita e formosa.

Quando saía dali, surgiu um leão que começou a persegui-lo. Com os pés, que havia desprezado, ganhava velocidade e com isso distância de seu perseguidor. Com os chifres, entretanto, se enroscava nos ramos das árvores, o que diminuía sua vantagem.

Enquanto corria, pensava: — Como fui bobo, desprezando o que me é mais importante e elogiando o que pra mim tem menos valor.

As fábulas de Esopo. Adaptação: A. José C. Coelho. Disponível em: <http://www.dominiopublico.gov.br/download/texto/ea000378.pdf>. Acesso em: abr. 2019.

Cervo.

▸ Leia as questões e assinale a alternativa adequada.

a) O cervo conseguiu fugir do leão porque:
- tinha chifres formosos e úteis para se livrar do leão. (   )
- enganou o leão se enroscando nos ramos das árvores. (   )
- tinha pernas finas que lhe davam agilidade. (   )
- elogiou o que tinha de melhor para correr. (   )

b) Releia a frase a seguir.

> — Como fui bobo, desprezando o que me é mais importante [...].

Que alternativa substitui melhor o termo *desprezando* na frase?
- Xingando. (   )
- Desvalorizando. (   )
- Descartando. (   )
- Descuidando. (   )

c) Qual característica tinha mais valor para o cervo?
- Seu reflexo. (   )
- Sua velocidade. (   )
- Suas pernas. (   )
- Seus chifres. (   )

d) O que levou o cervo a valorizar as próprias pernas foi:
- a possibilidade de desviar dos ramos das árvores. (   )
- a chance de enganar o leão. (   )
- a facilidade de fugir mais rapidamente. (   )
- a possibilidade de desvalorizar seus chifres. (   )

e) Releia:

> — Como fui bobo, desprezando o que me é mais importante e elogiando o que pra mim tem menos valor.

Esse pensamento do cervo expressa:

- tristeza. ( )
- orgulho. ( )
- arrependimento. ( )
- desconhecimento. ( )

Texto 2

THAVES, Bob. Frank & Ernest. *O Estado de S. Paulo*, 3 abr. 2015. Caderno 2, p. C6.

▶ Assinale as alternativas adequadas.

a) A expressão da tartaruga e sua fala revelam:
- indignação por não poder entrar no casco. ( )
- vergonha, pois está sem o casco diante de outras tartarugas. ( )
- tristeza, pois sabe que perderá sua casa. ( )
- raiva por não ter um casco sem senha. ( )
- alívio por não ter mais que suportar o casco. ( )

b) A linguagem usada pela tartaruga para se expressar revela:
- uma expressão formal, planejada. ( )
- linguagem informal, espontânea. ( )
- formas coloquiais, com predominância de gírias. ( )
- linguagem espontânea com muito planejamento. ( )
- linguagem informal particular de determinado grupo de jovens. ( )

c) Há textos que trazem críticas subentendidas a aspectos da vida social.
Assinale a alternativa que pode expressar melhor a crítica implícita no humor dessa tira.
- Crítica a pessoas lentas, que esquecem coisas importantes. ( )
- Crítica a pessoas que não gostam de novas tecnologias. ( )
- Crítica à indiferença das tartarugas com o problema da que está falando. ( )
- Crítica ao excesso de uso de tecnologias no dia a dia. ( )
- Crítica ao uso de senhas para proteger seus pertences. ( )

UNIDADE 3

Foco na informação

Frase, oração e período

Para relembrar:

1▸ Releia um trecho do índice da revista *Galileu*.

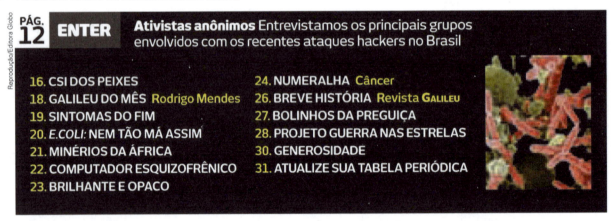

a) Copie as duas frases com verbos, circule-os e escreva diante de cada frase o nome que ela recebe de acordo com a sua classificação: frase nominal ou frase verbal/oração.

_____
_____
_____
_____

b) Como as outras frases que aparecem nesse contexto, ou seja, no índice da revista, podem ser classificadas? Por quê?

_____
_____

c) Se o editor da revista quisesse uniformizar a escrita das frases, como deveriam ser escritas as duas únicas que contêm verbos? Reescreva-as eliminando os verbos sem que percam o sentido.

- Entrevistamos os principais grupos envolvidos com os recentes ataques *hackers* no Brasil.

_____

_____

- Atualize sua tabela periódica.

_____

2 Leia a tirinha a seguir.

WATTERSON, Bill. *Calvin*. Disponível em: <https://novaescola.org.br/conteudo/3621/calvin-e-seus-amigos>. Acesso em: fev. 2019.

a) Releia a fala do pai de Calvin no primeiro balão.

> Calvin, sua mãe e eu vimos seu boletim e achamos que suas notas podem melhorar.

- Quantas orações há nessa fala? _____

- Qual é a classificação desse período? _____

- No período, qual é a conjunção que estabelece relação de adição entre as orações?

_____

b) O que indica a conjunção *mas* na resposta de Calvin a seu pai: "Mas eu não gosto da escola."?

_____

Desafios da língua

Coesão textual: uso de *mas* ou *mais*

Na Unidade 3 do livro, você estudou os usos das palavras *mas* e *mais*. Nesse estudo, pôde observar que:

I. A palavra *mas* indica oposição, introduz uma ideia contrária à anterior. Pode exercer função de:
- **conjunção**: quando liga duas orações que comunicam ideias contrárias. Por exemplo: Eu estudei muito **mas** ainda tenho dúvidas.
- **substantivo**: quando estiver substantivada, isto é, no lugar de um substantivo. Nesse caso, geralmente vem acompanhada de artigo. Por exemplo: Não quero ouvir nem um **mas**. Vá estudar novamente a lição!

II. A palavra *mais* indica maior quantidade, maior intensidade, maior número. Geralmente funciona como:
- **advérbio**: quando modifica um verbo ou um adjetivo. Por exemplo: Era preciso que ele estudasse **mais**. Sua dedicação aos estudos deveria ser **mais** constante.
- **pronome indefinido**: quando modifica um substantivo. Por exemplo: **Mais** estudos levam a **mais** conhecimento.

UNIDADE 3 23

1▶ Preencha as lacunas com as palavras *mas* ou *mais*, dando sentido às frases adaptadas da revista *National Geographic* (n. 175, out. 2014).

a) Ele era enorme. Feio. Mau. E agora está de volta: *Spinosaurus aegyptiacus*, o _____ terrível predador que já existiu.

b) Os maiores dinossauros predadores jamais conviveram, pois pertenceram a épocas e lugares diferentes. _____ eles tinham algo em comum: matavam com eficiência.

c) Apesar de medirem 1 metro e contarem com dentes temíveis, as mandíbulas alongadas do *Spinosaurus* eram bem menos robustas do que as de outros dinossauros predatórios do mesmo porte — _____ apropriadas para agarrar peixes do que para triturar ossos.

d) Os membros dianteiros e a cintura torácica desses animais eram avantajados, _____ os membros traseiros pareciam desproporcionalmente pequenos e finos.

e) O paleontólogo Nizar Ibrahim diz: "Eu tentava vislumbrar todos os ossos, os músculos, os tecidos conetivos [do *Spinosaurus*], tudo. E às vezes conseguia entrevê-lo por um instante, _____ ele logo desaparecia, como uma miragem. Meu cérebro não conseguiu processar toda aquela complexidade". _____ talvez esse processamento fosse possível para um computador.

Montagem de um *Spinosaurus* em exibição no Museu de Ciências Naturais de Barcelona, 2016.

2▶ Preencha as lacunas das tiras com as palavras *mas* ou *mais*.

a)

DAVIS, Jim. *Garfield, um gato em apuros*. Porto Alegre: L&PM, 2013. p. 120.

b)

Idem, ibidem.

UNIDADE 4
Criar com palavras...

Recursos estilísticos: sentido figurado e recursos de construção

Para relembrar:

1▸ Sérgio Capparelli é um poeta que compõe poemas para crianças e adolescentes e explora muitos recursos expressivos para enriquecer seus textos. Leia um dos poemas dele e, em seguida, resolva as atividades.

Primavera

Para a chuva,
A terra acorda
E arruma a casa.

Acende rosas,
Abre dálias
E pinta hibiscos.

Atrás do morro
O céu desponta,
É madrugada.

CAPPARELLI, Sérgio. *111 poemas para crianças*. Porto Alegre: L&PM, 2014. p. 132.

a) Você gostou do poema? Por quê?

_____
_____
_____
_____

b) Releia os dois primeiros versos do poema:

> **Para** a chuva,
> A terra acorda

Para compreender bem o início do poema, é preciso entender o significado da palavra destacada. Explique-a.

_____
_____
_____

c) No poema há dois elementos da natureza que ajudam a primavera a se mostrar: a terra e o céu. A terra é personificada, isto é, assume características humanas. Transcreva do poema três formas verbais empregadas para construir a personificação da terra.

_____

d) O outro elemento que indica a chegada da primavera é o céu. Esse elemento é apresentado:
- como uma metáfora. ( )
- com sentido real, não figurado. ( )
- também personificado. ( )
- como uma aliteração. ( )

e) Releia os versos em que há a indicação da presença da primavera:

> A terra acorda
> E arruma a casa.

A palavra *casa* está empregada no texto em sentido real ou figurado? Explique.

_____
_____

f) Assinale a alternativa que, em sua opinião, melhor expressa o assunto do poema. Em seguida, justifique sua resposta.
- A preparação para a primavera. ( )
- O início da primavera. ( )
- A primavera depois das chuvas. ( )
- Um amanhecer na primavera. ( )

_____
_____
_____

2▸ Leia outro poema desse mesmo autor.

Ecologia

Se acabarem
Com o jabuti,
O jabuticaba.

CAPPARELLI, Sérgio. *111 poemas para crianças*. Porto Alegre: L&PM, 2014. p. 97.

26 UNIDADE 4

a) O que mais chamou a sua atenção na leitura desse poema? Justifique sua resposta.

_____
_____
_____
_____

b) Que preocupação é expressa no poema e justifica o título "Ecologia"?

_____
_____
_____
_____

c) No último verso do poema, há um jogo feito a partir da combinação de duas palavras. Que palavras são essas?

_____

d) Que nome recebe esse jogo de palavras?

_____

e) Esse último verso provoca um efeito de humor no texto. Explique como isso acontece.

_____
_____
_____

f) O jogo de palavras foi possível porque:
- há a possibilidade de juntar palavras com sons semelhantes. ( )
- o tema do texto, que é ecológico, permite brincar com palavras. ( )
- o jabuti está em extinção e a jabuticaba não. ( )
- a palavra *jabuticaba* rima com *jabuti*. ( )

3▸ Leia a seguir um poema de Carlos Drummond de Andrade.

A máquina do tempo

Se a máquina do tempo nos tritura,
ao mesmo tempo cria imagens novas.
Renascemos em cada criatura
que nos traz do Infinito as boas-novas.

ANDRADE, Carlos Drummond de. *Receita de Ano-Novo*. 2. ed. Rio de Janeiro: Record, 2009. p. 55.

a) O que você achou da leitura do poema? Explique sua resposta.

_____
_____
_____

b) Explique o que pode significar a expressão *máquina do tempo* no contexto do poema.

_____
_____

c) Por que se pode afirmar que a expressão *máquina do tempo* é uma metáfora?

_____
_____

d) Pode-se afirmar que no poema estão expressos um sentimento pessimista e um sentimento otimista. Explique:

- o sentimento pessimista:

_____
_____
_____
_____

- o sentimento otimista:

_____
_____
_____
_____

4) Em propagandas, geralmente são empregados recursos expressivos para atrair a atenção do leitor. Leia a chamada de uma propaganda de biscoitos veiculada nos anos 1980.

> Tostines vende mais porque é fresquinho
> Ou é fresquinho porque vende mais?

Assinale a(s) alternativa(s) que melhor completa(m) a frase a seguir.
A sonoridade dessa construção fica bem evidente sobretudo pela presença de:
- repetição de palavras. ( )
- aliteração. ( )
- ritmo. ( )
- assonância. ( )

5) É muito comum em brincadeiras infantis serem explorados recursos expressivos para torná-las mais atraentes. Observe como isso ocorre no caso a seguir.

a) Brincar com trava-línguas significa falar frases fluentemente, sem errar e o mais depressa que puder. Veja o que você consegue fazer, lendo em voz alta este trava-língua:

> A travessa Teresa tropeça
> nos trecos do chão e, trôpega,
> atropela tudo.
> Trecos no chão atrapalham
> e a fazem tropicar.
>
> *Adivinhas e trava-línguas*. 2. ed. São Paulo: Saraiva/Caramelo, 2009. p. 120.

b) Que recurso sonoro de construção é empregado para ressaltar essa brincadeira?

_____
_____
_____

6▸ Leia este trecho de um poema de Marina Colasanti e diga o que produz efeitos sonoros na estrofe:

[...]
Só pode ser gato
esse bicho exato
acrobata nato
que só cai de quatro.

COLASANTI, Marina. *Cada bicho seu capricho.*
3. ed. São Paulo: Global, 2000. p. 2.

7▸ Leia a frase a seguir.

Sempre carrego lanchinhos comigo porque o relógio do meu estômago dispara várias vezes durante o dia!

a) Qual é a metáfora presente nessa frase?

b) Explique o sentido implícito, isto é, subentendido nessa metáfora.

8▸ Leia com atenção o trecho de um poema de Cruz e Sousa, poeta brasileiro do século XIX.

[...]
Vozes veladas, veludosas vozes,
Volúpias dos violões, vozes veladas,
Vagam nos velhos vórtices velozes
Dos ventos, vivas, vãs, vulcanizadas.
Tudo nas cordas dos violões ecoa
E vibra e se contorce no ar, convulso...
[...]

CRUZ E SOUSA, João da. Faróis. In: MUZART, Zahidé (Org.). *Poesia completa.*
Florianópolis: Fundação Catarinense de Cultura; Fundação Banco do Brasil, 1993.

Um dos recursos empregados para produzir sonoridade foi a aliteração. Explique o que é a aliteração e dê um exemplo.

▌ Desafios da língua

e/i na palavra

Veja como um dicionário chama a atenção do leitor para a semelhança na pronúncia de palavras com significados diferentes, registrando no final do verbete a palavra que tem pronúncia semelhante, mas significado diferente.

delatar v. (1671) 1 *t.d.bit. e pron.* denunciar a responsabilidade de (alguém ou si mesmo) por crime ⟨durante o interrogatório, delatou o comparsa (ao delegado)⟩ ⟨cansado de fugir, delatou-se à polícia⟩ 2 *t.d.bit.* revelar (delito ou fato relacionado a um delito) ⟨d. o crime (às autoridades)⟩ ⟨d. o esconderijo dos bandidos (ao investigador)⟩ 3 *t.d. fig.* mostrar inadvertidamente; deixar perceber; evidenciar ⟨os gestos bruscos delatavam sua inquietação⟩ ⊙ ETIM rad. do part.pas. *delātum* do v.lat. *defĕrre* 'levar de um lugar para outro, desviar do rumo, destruir, conceder, declarar, denunciar', sob a f. *delat-* + *-ar* ⊙ SIN/VAR ver sinonímia de *acusar* ⊙ ANT ver antonímia de *acusar* ⊙ PAR *dilatar*(todos os tempos do v.)

dilatar v. (sXV) 1 *t.d. e pron.* aumentar (pela elevação da temperatura) o volume ou as dimensões de (um corpo) ⟨d. um metal⟩ ⟨os corpos dilatam-se ao calor⟩ 2 *t.d. e pron. p.ana.* aumentar, expandir(-se), estender(-se) [em amplitude, distância, capacidade, diâmetro, abertura, alcance etc.] ⟨d. um domínio⟩ ⟨d. os pulmões⟩ ⟨dilatou a vista à procura da caça⟩ ⟨à medida que convalescia, dilatava as caminhadas⟩ ⟨os ventrículos contraem-se e dilatam-se⟩ 3 *t.d. e pron. fig.* fazer crescer ou crescer; desenvolver(-se) ⟨d.(-se) o poder de uma autoridade⟩ 4 *t.d. e pron. fig.* fazer durar ou durar; prolongar(-se) ⟨a cirurgia dilatou sua vida⟩ ⟨dilatou tanto a conferência, que os ouvintes se retiraram⟩ ⟨a visita dilatava-se⟩ 5 *t.d. fig.* adiar, diferir, retardar ⟨d. um prazo, uma decisão⟩ 6 *t.d. e pron. fig.* difundir(-se), propagar(-se), espalhar(-se) ⟨d.(-se) uma doutrina⟩ ⊙ ETIM lat. *dilāto,as,āvi,ātum,āre* 'id.' ⊙ SIN/VAR ver sinonímia de *adiar* e *inchar* ⊙ ANT comprimir, condensar, contrair, reduzir; ver tb. antonímia de *inchar* ⊙ PAR *delatar*(todos os tempos do v.)

HOUAISS, Antonio; VILLAR, Mauro de Salles. *Minidicionário Houaiss da língua portuguesa.* 3. ed. Rio de Janeiro: Objetiva, 2009.

▶ Complete a coluna em que falta o significado da palavra. Se tiver dúvidas, consulte um dicionário. Siga o modelo.

Som semelhante, mas escrito com *e/i*	
Escrito com *e*	Escrito com *i*
delatar (denunciar alguém por um crime, por um delito)	dilatar (aumentar o volume e a dimensão de um corpo por causa da elevação da temperatura)
vadear (atravessar rio ou lamaçal)	vadiar _____
entender _____	intender (administrar, dirigir, superintender)
deferimento (ato ou efeito de atender ao que foi solicitado, despacho favorável, atendimento)	diferimento _____
peão _____	pião (brinquedo geralmente de madeira com ponta metálica)
ante (prefixo que significa anterior)	anti _____
descrição _____	discrição (ser discreto)
elegível (que pode ser eleito)	ilegível _____
descriminar _____	discriminar (distinguir)
despensa _____	dispensa (licença, isenção)
emigrar (sair do país de origem)	imigrar _____

30 UNIDADE 4

o/u na palavra

▶ Complete a coluna em que falta o significado da palavra. Se tiver dúvidas, consulte um dicionário. Siga o modelo.

Som semelhante, mas escrito com *o/u*	
Escrito com *o*	Escrito com *u*
c**o**mprimento (medida)	c**u**mprimento (gesto de cortesia)
s**o**ar (fazer ouvir)	s**u**ar _____
ass**o**ar (limpar a secreção nasal)	ass**u**ar _____
b**o**cal (abertura de vaso)	b**u**cal _____
c**o**ringa (tipo de vela de alguns barcos)	c**u**ringa _____

-ao/-au/-al em final de sílaba

▶ Complete a coluna em que falta o significado da palavra. Se tiver dúvidas, consulte um dicionário. Siga o modelo.

Som semelhante, mas grafado com *ao/au/al*		
Escrito com *ao*	Escrito com *au*	Escrito com *al*
	auto _____	**al**to (de grande extensão vertical, elevado)
	c**au**ção _____	c**al**ção (calça curta)
	c**au**da (rabo)	c**al**da (líquido grosso doce ou salgado)
	m**au** (adjetivo, contrário de *bom*)	m**al** _____
	s**au**dade (sentimento melancólico)	s**al**do _____
l**ao**siano (relativo à República Popular Democrática de Laos)	l**au**da _____	
m**ao**ismo (relativo a Mao, líder da revolução socialista chinesa)	m**au**ricinho _____	m**al**dade _____
	p**au** _____	p**al**co (tablado destinado a representações)

-éu/-el em final de palavras

Os adjetivos derivados de substantivos pelo acréscimo de sufixo têm seu final escrito com **-el**.
Confira:
- saúde (substantivo) → saudáv**el**
- amigo (substantivo) → amigáv**el**

É bem menor o número de palavras com final **-eu**, como chap**éu**, v**éu**, l**éu**.

▶ Escreva nos espaços a seguir o final das palavras. Use **-éu** ou **-el**.

- visív_____
- c_____
- impensáv_____
- fi_____
- menestr_____
- ton_____
- admiráv_____
- g_____
- fogar_____
- povar_____
- hot_____
- cascav_____

-ou/-ol no meio da palavra

▶ Leia as palavras a seguir em voz alta e preencha as lacunas com as letras **u** ou **l**. Verifique se os dois usos correspondem ao mesmo som fechado /ou/. Depois, copie cada palavra na coluna correspondente. Se tiver dúvidas, consulte um dicionário.

- co_____cha
- go_____fe
- salmo_____ra
- teso_____ra
- so_____dado
- mo_____dura
- co_____ve
- vo_____tagem
- po_____pa
- go_____fo
- o_____riço
- co_____chão
- po_____vo
- bebedo_____ro
- fo_____clore
- po_____so
- fo_____gado
- esco_____tar
- bo_____sa
- ro_____dana
- to_____do
- co_____meia
- co_____ro
- cho_____riço
- o_____vir
- lo_____ra
- so_____tar
- so_____vente
- mo_____ro
- envo_____ver

Som /ou/	
Escrita com *ol*	Escrita com *ou*

-io/-il/-iu em final de palavras

Os finais de palavras escritas com as letras **-io**, **-il**, **-iu** têm pronúncias tão próximas que, muitas vezes, só o contexto pode ajudar a decidir a escrita.

Veja como essa proximidade foi aproveitada para chamar a atenção para a abertura (*Abriu*) de um festival de dança ocorrido no mês de *abril* de 2018.

Divulgação da mostra coreográfica *Abriu, dança na Bahia*, de 2018.

1▸ Leia as palavras em voz alta e complete as lacunas com as letras **l**, **o** ou **u**. Depois, copie cada palavra na coluna correspondente. Se tiver dúvidas, consulte um dicionário.

úti____	cai____	barri____	férti____	áudi____	arrepi____
senti____	psi____	iníci____	dóci____	bani____	ani____
ti____	cobri____	vi____	répti____	cani____	cuspi____
cálci____	gêni____	páti____	febri____	fri____	fali____
débi____	vestígi____	fugi____	agi____	séri____	inseri____
cíli____	horári____	fáci____	versáti____	ti____	sacudi____
delíri____	voláti____	relógi____	comíci____	refi____	síri____
táti____	desvi____	exíli____	vi____	tingi____	alhei____

UNIDADE 4 33

Mesmo som final		
Escrita com *iu*	Escrita com *il*	Escrita com *io*

Observe que, além de **abril** e **abriu**, há outras palavras que têm sons muito parecidos, embora sejam escritas de modo diferente e tenham sentido diferente:

- **til** (acento gráfico) e **tio** (parente);
- **vil** (indivíduo mesquinho) e **viu** (3ª pessoa do singular do pretérito perfeito do indicativo do verbo *ver*).

Observe também que as palavras terminadas em **-iu** são, na maioria, formas da 3ª pessoa do singular do pretérito perfeito do indicativo. Confira.

Verbo	3ª pessoa do singular do pretérito perfeito do indicativo
Ver e seus compostos	viu, reviu, previu, anteviu, etc.
Verbos da 3ª conjugação *partir, construir, instruir, sair, destruir, mentir*	partiu, construiu, instruiu, saiu, destruiu, mentiu

2▸ Escreva a seguir a 3ª pessoa do singular do pretérito perfeito do indicativo dos seguintes verbos:

cair   sentir   banir   cobrir   cuspir   falir   fugir   inserir   restituir   suprimir   sacudir   tingir   agredir

CONHECIMENTO EM TESTE

Texto 1

Crocodilo

Um crocodilo
Do Nilo
Chamado Odilo
Preferia ser chamado de Odilon.

Um touro zebu
Chamado Zé Bu
Andava nu
Causando um grande rebu.
[...]

CAPPARELLI, Sérgio. *111 poemas para crianças*. 20. ed. Porto Alegre: L&PM, 2014. p. 32.

▸ Assinale a alternativa correta.
Para conseguir efeito de humor no poema, o principal recurso empregado foi o uso de:
- linguagem figurada para criar um clima de coisas fantásticas. (   )
- brincadeiras com a linguagem com jogo de palavras e trocadilhos. (   )
- palavras desconhecidas para causar estranhamento. (   )
- repetições de palavras para ser lido facilmente. (   )

Texto 2

SCHULZ, Charles M. Minduim. *O Estado de S. Paulo*. São Paulo, 24 set. 2014. Caderno 2, p. C6.

1▸ Observe os detalhes do primeiro quadrinho. A menina brinca de ser uma médica especialista em doenças:
a) do estômago. (   ) b) do ouvido. (   ) c) da mente. (   ) d) do coração. (   )

2▸ Ao afirmar que "a comunicação com o paciente é uma necessidade óbvia", a personagem quer dizer que:
a) todo médico deve ser um especialista nas tecnologias da comunicação. (   )
b) saber se comunicar é uma condição essencial ao exercício da profissão de médico. (   )
c) todo mundo sabe o que é se comunicar. (   )
d) a comunicação é uma necessidade e o paciente deve desenvolver essa capacidade. (   )

3▸ O efeito de humor na tira é produzido:
a) pela contradição entre o que a menina diz e o que ela faz. (   )
b) pela expressão do rosto de Minduim no último quadrinho. (   )
c) por ela falar demais e cansar Minduim. (   )
d) por falar muito e cobrar muito pouco por uma consulta. (   )

UNIDADE 5

Histórias para ler e representar

O sujeito na oração

Para relembrar:

Sujeito
Termo da oração a que o verbo se refere.

- **Simples**: Um núcleo.
- **Composto**: Dois ou mais núcleos.
- **Subentendido**: Não está presente na frase, mas pode ser determinado pela terminação verbal ou pelo contexto.
- **Indeterminado**: Não está presente na frase e não pode ser determinado pela desinência verbal, ou por não se ter conhecimento de quem é o sujeito ou por não querer ou não poder revelá-lo.

Você já sabe que uma oração ou frase verbal é organizada em torno de dois termos: sujeito e predicado. Sabe também que é o verbo que ajuda a localizar o sujeito, ao fazer referência a ele pela flexão de pessoa (1ª, 2ª ou 3ª) e pelo número (singular ou plural).

1. Nas orações a seguir, que trazem informações sobre dinossauros, circule os verbos, sublinhe com um traço o sujeito e com dois traços o predicado.
   a) O microrraptor era um dinossauro bem pequeno.
   b) Ele vivia na Ásia, entre galhos de árvores.
   c) Da evolução de pequenos dinossauros carnívoros surgiram as aves.
   d) Teriam evoluído com o tempo.
   e) Os dinossauros se reproduziam por meio de ovos.
   f) Faziam ninhos em grandes buracos na terra.
   g) Em defesa do ninho, certas fêmeas tomavam conta deles o tempo todo.
   h) Um achado recente é o *Maxakalisaurustopai*, um titanossauro de 13 metros de comprimento.
   i) Ele vivia na região de Minas Gerais.
   j) Na queda de um asteroide, uma nuvem de poeira impediu a passagem da luz do Sol.
   k) Esse fato provocou a extinção de vários seres vivos.

   Adaptado de: *Recreio*, v. 4. São Paulo: Abril, 2013. p. 16-18.

2. Leia o depoimento de uma escritora francesa sobre o papel dos livros na vida dela.

   > Quando eu era criança, quando eu era uma adolescente, os livros me salvaram do desespero: aquilo me convenceu de que a cultura era o maior dos valores.
   >
   > *Língua Portuguesa.*
   > São Paulo, Segmento, n. 101, p. 7, mar. 2014.

Simone de Beauvoir (1908-1986), escritora e filósofa francesa.

a) Reescreva o texto na 1ª pessoa do plural, como se vários escritores dessem juntos esse depoimento. Faça as adaptações necessárias.

_____
_____
_____
_____

b) No depoimento, a palavra *quando* se repete duas vezes. Certamente existiu uma intenção da autora ao construir a declaração dessa maneira.

Faça um **X** na(s) alternativa(s) que possa(m) explicar o uso dessa repetição no depoimento dela.

- A escritora não conseguiu organizar bem seu depoimento em relação ao tempo. (   )
- A escritora quis enfatizar momentos de sua vida em que se convenceu da importância da cultura, dos livros. (   )
- A escritora quis mostrar que os livros só foram importantes em dois períodos de sua vida. (   )
- A escritora quis mostrar que os livros não foram importantes em outros períodos de sua vida. (   )

3▸ Leia o título e o olho de uma notícia da revista *Superinteressante* que mostra que não é de hoje que o cão é o melhor amigo do homem.

> **Cachorros ajudaram a derrotar neandertais**
>
> *Quando seres humanos e cachorros primitivos se uniram na última Era Glacial, eles criaram um predador invencível – e não sobrou neandertal para contar a história.*
>
> **Superinteressante**, São Paulo, n. 346, p. 14, maio 2015. Edição digital.

Escreva, para cada verbo ou locução verbal transcrita desse texto, os respectivos sujeito e núcleo e também a classificação do sujeito.

a) ajudaram a derrotar

_____
_____

b) uniram

_____
_____

c) criaram

_____
_____

d) sobrou

_____
_____

e) contar

_____
_____

Vocativo e aposto

Para lembrar:

Outros termos da oração

Vocativo
- Palavra ou expressão utilizada como chamamento, invocação, apelo.
- Deve ser isolado dos outros termos da frase por meio de pontuação.

Aposto
- Palavra ou expressão que se associa a um nome para explicar, explicitar ou especificar seu sentido.
- Geralmente vem separado do nome pelos sinais de pontuação: vírgula, travessão ou dois-pontos.
- O **aposto especificativo** não se separa por nenhuma pontuação do termo a que se refere.

1. Leia os textos a seguir e transcreva as expressões que exercem a função de aposto.

a)
> Olacyr de Moraes, o "rei da soja", morre aos 84 anos em SP.
>
> *Folha de S.Paulo*. São Paulo, 17 jun. 2015. p. A1.

b)
> Cinzas do monte Sinabung, vulcão da ilha de Sumatra, na Indonésia, obrigam moradores a deixarem as casas.
>
> *Folha de S.Paulo*. São Paulo, 17 jun. 2015. Folha Corrida, p. B10.

c)
> Em São Tomé e Príncipe, uma antiga colônia portuguesa, mudas de cacau importadas da Bahia e cultivadas por escravos ajudaram um agrônomo a criar um dos mais desejados sabores do mundo: o chocolate.
>
> CONTI, Marina. As ilhas de chocolate. *National Geographic Brasil*. São Paulo: Abril, fev. 2015. p. 97. Adaptado.

2. Na Unidade 5 do livro, você estudou que o aposto pode ser expresso como:

A	B
um termo que se refere a um nome — substantivo ou pronome — da oração para explicá-lo ou explicitá-lo, geralmente separado por sinais de pontuação: vírgula, travessão, dois-pontos;	um termo que especifica o nome na frase — aposto especificativo.

Coloque as letras **A** ou **B** nos parênteses para indicar o tipo de aposto que está destacado nas frases a seguir.

a) O filme **Star Wars**, embora antigo, ainda faz sucesso entre os jovens. ( )
b) O livro **Alice no país das maravilhas** foi transformado em filme e fez grande sucesso. ( )
c) Economizar água — **compromisso de todos** — é essencial para o futuro das gerações. ( )
d) A bíblia, **um dos livros impressos mais antigos do mundo ocidental**, terá um museu para contar sua história. ( )

3. Leia esta fábula de Esopo e responda às questões a seguir.

> Esta é a história da toupeira — animal cego — que disse à mãe que estava enxergando. A mãe colocou-a então à prova: deu-lhe um grão de incenso e perguntou o que era.
> — Um calhau — respondeu a filha.
> — Minha filha — disse a mãe —, além de cega, perdeste o olfato. [...]
>
> ESOPO. *Fábulas*. Porto Alegre: L&PM, 1999. p. 115. Adaptado.

▶ **incenso:** resina aromática extraída de várias plantas.

▶ **calhau:** fragmento de rocha, pedra.

a) As antigas fábulas costumam apresentar, no final da história, um trecho de texto chamado de moral, que traz um resumo, uma conclusão ou um ensinamento que podemos aprender com o que foi narrado no texto. Assim como a moral das fábulas, os ditados populares também apresentam ensinamentos, conselhos, conclusões.

Assinale o ditado popular que poderia ser utilizado como moral dessa fábula:
- Cada macaco no seu galho. ( )
- Quem muito quer, tudo perde. ( )
- Quem ama o feio, bonito lhe parece. ( )
- Mentira tem perna curta. ( )

b) Transcreva do texto:
- um vocativo: _____
- um aposto: _____

c) Reescreva as frases, ampliando-as com um aposto referente aos termos destacados:
- "[...] deu-lhe um **grão de incenso** e perguntou o que era."

_____

- "Um **calhau** — respondeu a filha."

_____

4. Observe este trecho de uma história em quadrinhos com a Mônica e o Cebolinha, personagens de Mauricio de Sousa.

SOUSA, Mauricio de. Turma da Mônica. *O Estado de S. Paulo.* São Paulo, 19 abr. 2015. Caderno 2, p. C8.

Qual é a função do termo destacado abaixo, na fala de Cebolinha?

Oi, **Mônica**! Vim me desculpar!

_____

Desafios da língua

Pontuação e efeitos de sentido

Na Unidade 5 do livro foi proposta a você uma reflexão sobre o uso da pontuação e o sentido das frases. Retome esse estudo fazendo as atividades a seguir.

1 Leia esta tira:

DAVIS, Jim. *Garfield, um gato em apuros*. Porto Alegre: L&PM, 2008. p. 36.

Reescreva os pensamentos de Garfield e os pontue de acordo com o sentido deles na tira.

_____

_____

2 Leia a tira a seguir e proceda do mesmo modo: reescreva as frases do gato Garfield pontuando-as.

DAVIS, Jim. *Garfield, um gato em apuros*. Porto Alegre: L&PM, 2008. p. 36.

_____

Depois dessas atividades visualize os sinais de pontuação:

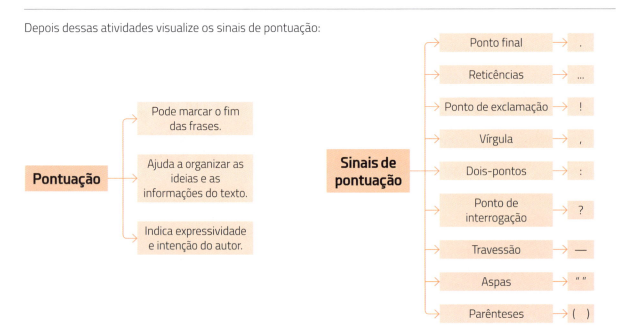

UNIDADE 5

3 Os textos a seguir são **piadas** do livro *Proibido para maiores*, de Paulo Tadeu. Elas foram transcritas sem sinal de pontuação e sem o uso de letras iniciais maiúsculas. Reescreva-as, pontuando e empregando letras iniciais maiúsculas de modo que o texto faça sentido e se perceba o efeito de humor característico das piadas.

a) joãozinho pai se eu apagar a luz você consegue assinar o seu nome claro que sim meu filho joãozinho depois de apagar a luz então assina aqui o meu boletim da escola pai

b) a cobrinha chega em casa e pergunta ao pai papai é verdade que somos venenosas não minha filha mas por que perguntou e a cobrinha é que acabei de morder a língua

c) o menino foi atender ao telefone a pedido de sua mãe que estava recebendo a visita de uma velha amiga mãe é o papai disse bem alto o menino ele quer saber se já pode vir para casa ou se a dona mimosa fofoqueira ainda está aqui

d) o pai estava muito concentrado assistindo ao seu programa de televisão favorito quando o menininho que fazia o dever de casa se aventurou a perguntar-lhe uma coisa papai disse ele onde estão os alpes suíços pergunte a sua mãe respondeu o pai ela é que guarda tudo

UNIDADE 5 41

4. Leia o quadro abaixo e complete-o. Se preciso, consulte as páginas 40 e 45 deste caderno.

Sinal de pontuação	Nome do sinal de pontuação	Finalidade do sinal
?	ponto de interrogação	indicar uma pergunta, uma dúvida
.		fazer uma declaração, afirmando ou negando algo, ou indicar uma abreviatura
,		
:		anunciar que um personagem vai falar; apresentar explicação, enumeração ou citação
!	ponto de exclamação	
—		
...	reticências	
" "		

5. Leia o trecho de uma notícia.

> **Reserva supera 'exemplo' Hypólito e leva ouro na Copa**
> *Ginástica artística* Ângelo Assumpção, 18, vence no salto e fica à frente de Diego Hypólito, o bronze
> Tiago Ribas
>
> O grito da torcida no ginásio do Ibirapuera, em São Paulo, neste sábado (02) anunciou para Ângelo Assumpção, 18, que ele havia conquistado sua primeira medalha de ouro em uma etapa de Copa do Mundo de ginástica artística.
> "Quando eu saí eu não tinha visto o resultado, fiquei sabendo que tinha ganhado a medalha pela comemoração da torcida", disse a revelação da seleção brasileira.
> [...]
>
> *Folha de S.Paulo*. São Paulo, 3 maio 2015. Esporte, p. B15.

a) Releia o título principal. Nele há uma palavra destacada com um sinal chamado aspas simples. Veja: 'exemplo'. Na notícia esse sinal foi empregado para destacar uma palavra. Trata-se de um recurso bastante comum na imprensa atualmente. Que outro sinal de pontuação poderia ser empregado nesse caso? Reescreva a expressão empregando-o.

▶ **aspas:** sinal de pontuação ('ou') com que se inicia e termina uma tradução, uma citação, um destaque, etc.

UNIDADE 5

b) Releia a frase da chamada localizada abaixo do título.

> Ângelo Assumpção, 18, vence no salto e fica à frente de Diego Hypólito, o bronze.

Observe como a vírgula foi empregada nessa frase. Consulte o quadro e explique o uso da vírgula nessa frase.

_____

c) No primeiro parágrafo, que sinal de pontuação foi usado para separar uma data? Transcreva o trecho e indique o sinal.

_____

d) No segundo parágrafo, que sinal de pontuação foi empregado com a finalidade de separar do restante o discurso direto, a fala de uma pessoa?

_____

e) Releia esta frase:

> "Quando eu saí eu não tinha visto o resultado, fiquei sabendo que tinha ganhado a medalha pela comemoração da torcida."

Para indicar o entusiasmo do atleta ao ganhar a medalha de ouro, essa frase poderia ser pontuada de outra forma. Reescreva-a empregando uma pontuação que expresse de maneira mais enfática esse entusiasmo.

_____
_____
_____

Uso de aspas

1ᐳ Leia a notícia sobre dois exploradores do mar.

Mar
William Beebe

O que vive nas profundezas, onde a pressão pode esmagar um mergulhador? Para ver em pessoa, Beebe experimentou o minúsculo submarino do inventor Simon Lake (ao lado, em 1932) e a <u>batisfera</u> do engenheiro Otis Barton (à direita, com Beebe dentro). Próximo à costa das Bermudas em 1934, Beebe e Barton tornaram-se os primeiros seres humanos a descer a 800 metros da superfície do oceano. "Quanto mais tempo passamos nela, menor ela parece ficar", disse Beebe sobre a batisfera. Lá embaixo, o naturalista, enfim, realizou seu sonho de observar criaturas vivas em seu hábitat.

National Geographic Brasil. São Paulo: Abril. Grandes aventuras. Edição especial, n. 173-A. p. 108-109.

▶ **batisfera:** veículo subaquático feito de aço, de forma esférica, com janelas de quartzo fundido, usado para explorar profundidades oceânicas.

a) O que o explorador Beebe queria observar no fundo do mar?

_____
_____

UNIDADE 5　43

b) Segundo o texto, que risco os mergulhadores correm ao enfrentar as grandes profundezas do mar?

c) Releia este trecho:

> Para ver em pessoa, Beebe experimentou o minúsculo submarino do inventor Simon Lake (ao lado, em 1932) [...].

Qual é a finalidade do uso dos parênteses nessa frase?

d) Transcreva a outra parte da frase que emprega o mesmo recurso.

e) Releia o trecho que está entre aspas. Explique o motivo pelo qual esse recurso foi empregado.

2▸ Leia este trecho de uma reportagem sobre os polinésios:

> Séculos antes de os europeus percorrerem o Atlântico, os antigos polinésios exploraram o Pacífico em "canoas de viagem" [...], impelidos por remos e vela e capazes de atravessar milhares de quilômetros de mar aberto. Navegando com base na memória e na tradição oral, os polinésios colonizaram várias partes do globo, da Nova Zelândia ao Havaí.
>
> ALVAREZ, Stephen. *National Geographic Brasil.* Grandes aventuras. Edição especial 173-A. São Paulo: Abril. p. 20-21.

a) O trecho acima fala sobre a exploração do oceano Pacífico muito antes de os europeus explorarem o oceano Atlântico. Segundo o trecho, os antigos polinésios organizavam suas viagens:
- com auxílio de instrumentos de navegação. (   )
- pela observação do sentido dos ventos. (   )
- com base nos conhecimentos transmitidos oralmente. (   )
- com base no conhecimento trazido pelos europeus. (   )

b) Qual é a razão provável de a expressão "canoas de viagem" estar entre aspas?

UNIDADE 5

3. O trecho a seguir também fala de um explorador dos mares, o francês Jacques Cousteau, responsável por inúmeras descobertas sobre ecossistemas marítimos.

> Cousteau rejeitou a exploração oceânica por dispositivos de controle remoto. Seu lema era "*Il faut aller voir*" — é preciso ir ver. Para aumentar o alcance e a velocidade de seus mergulhadores, desenvolveu equipamentos como o Disco Mergulhador, capaz de descer a mil metros de profundidade.
>
> *National Geographic Brasil*. Grandes aventuras. Edição especial 173-A. São Paulo: Abril. p. 108-109.

Jacques Cousteau.

a) Qual foi a razão de Cousteau ter rejeitado equipamentos por controle a distância, isto é, remoto?

_____
_____
_____

b) No texto, há uma expressão entre aspas. Por quê?

_____
_____
_____

Uso da vírgula

▶ Leia as frases abaixo do quadro e escreva nos parênteses o número correspondente à justificativa adequada para o uso da vírgula.

Justificativas
I. Separar elementos de uma enumeração.
II. Separar, quando necessário, expressões de tempo e de lugar.
III. Destacar, para melhor compreensão, elementos explicativos ou elementos que quebrem a continuidade da frase.
IV. Separar o lugar na apresentação de datas.

a) Embarcações simples, instrumentos de navegação rudimentares e poucos conhecimentos sobre navegação não impediram povos antigos de explorar o desconhecido. (   )

b) Carlos, leia esta notícia sobre a descoberta de novas vacinas. (   )

c) O sal, muito comum em nossa alimentação diária, deve ser usado com moderação. (   )

d) Encontrei seu amigo, aquele que você me apresentou no sábado, numa lanchonete perto da escola. (   )

e) Na semana passada, perdi todos os meus documentos no metrô. (   )

f) Salvador, 13 de maio de 2015. (   )

g) Abaixe o som, Beto, senão não conseguiremos conversar. (   )

h) Na última sexta-feira, todos os que estavam na sala de aula, inclusive o professor, se comprometeram a ajudar na campanha de economia de água. (   )

UNIDADE 6

Histórias para estimular a imaginação

▎Determinantes do substantivo: sentidos para o texto

Para relembrar:

Determinantes do substantivo

Palavras ou expressões que acompanham o substantivo especificando, delimitando seu sentido.

- Adjetivo
- Locução adjetiva
- Artigo
- Numeral
- Pronomes:
  - possessivos;
  - demonstrativos;
  - indefinidos.

1▸ José Santos e Laurabeatriz produziram um livro de poemas sobre animais ameaçados de extinção. Você conhece a ararajuba? Leia um trecho de um poema sobre essa ave brasileira e veja a foto dela.

Ararajuba

Descobri nova palavra!
Uma palavra bem rara,
Colhida no meio do mato
Como se fosse um cogumelo.

Quando eu quero
Pintar o céu
De verde e amarelo,
É hora de conjugar
O verbo ararajubar!
[...]

SANTOS, José. *Rimas da floresta*: poesia para os animais ameaçados pelo homem. Ilustrações Laurabeatriz. São Paulo: Peirópolis, 2007. v. 2. (Col. Bicho-poema).

Ararajuba.

a) Releia estes versos:

> Descobri nova palavra!
> Uma palavra bem rara,

Por esses versos, pode-se compreender o sentido da palavra *rara* como:
- pouco usada, pois o animal é raro. ( )
- nova, pois o animal é novo. ( )
- de difícil compreensão. ( )
- pouco usada, pois o animal é pouco conhecido. ( )

46 ▸ UNIDADE 6

b) Complete o esquema a seguir com as palavras que determinam o substantivo *palavra*. Observe a classe gramatical a que pertencem.

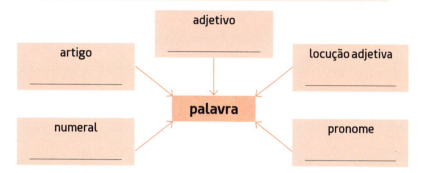

2 ▸ No mesmo livro de onde foi retirado o poema lido na questão anterior, há informações sobre a ararajuba. Leia.

Ararajuba

Tem como cores o amarelo-ouro, o verde-bandeira, e o bico, marfim. Tem o porte de um papagaio, medindo 34 cm e pesando entre 150 g e 200 g, e é altamente sociável. Vive em bandos de 4 a 10 indivíduos que se alimentam nos topos das árvores e palmeiras, onde buscam sementes e frutos oleosos. Seu alimento predileto é o coquinho do palmito-juçara. Vive em média 30 anos e habita a Floresta Tropical úmida, ocorrendo do norte do Brasil (Maranhão) ao leste do Pará, do baixo Xingu ao Tapajós. Nome científico: **Guaruba guarouba**.

SANTOS, op. cit.

a) Para melhor caracterizar a ararajuba, vários substantivos do texto são acompanhados de determinantes que os especificam. Retire do texto os determinantes dos substantivos listados a seguir e preencha o quadro, indicando a classe gramatical a que pertencem. Se precisar, consulte o esquema no início desta unidade.

Substantivo	Determinante	Classe gramatical
bico		
porte		
topos		
frutos		
alimento		

b) Que classe(s) gramatical(ais) predominou(aram) no texto? Por quê?

UNIDADE 6

c) Assinale a(s) alternativa(s) adequada(s) para completar a informação: Pelo tipo de linguagem que você observou e pela intenção do texto, podemos afirmar que ele é predominantemente:
- humorístico. ( )
- informativo. ( )
- narrativo. ( )
- descritivo. ( )

3▸ Leia um trecho do poema "Festa da natureza", de Patativa do Assaré.

Festa da natureza

Chegando o tempo do inverno
Tudo é amoroso e terno
No fundo do pai eterno
Sua bondade sem fim

Sertão amargo esturricado
Ficando transformado
No mais imenso jardim
Num lindo quadro de beleza
[...]

PATATIVA DO ASSARÉ; GEREBA. Festa da natureza. Intérprete: Fagner. In: *Me leve*. [S.l.]: Sony Music, 2002. 1 CD. Faixa 1.

Agora, complete o quadro como você fez na atividade anterior.

Substantivo	Determinante	Classe gramatical
tempo		
bondade		
Sertão		
jardim		
quadro		

4▶ Na atividade 2, você leu o trecho de um texto expositivo sobre a ararajuba. Observe agora a foto de um animal também em extinção: o mico-leão-dourado:

▷ Mico-leão-dourado.

a) Descreva o animal usando pelo menos cinco palavras ou expressões para caracterizá-lo.

b) Compare as palavras que você usou para caracterizá-lo com as que seus colegas usaram e verifique as semelhanças e diferenças entre elas. A seguir, escreva as diferenças mais inesperadas por você, mas que podem ser observadas na foto.

5▶ Leia o primeiro parágrafo do texto "Um tigre de papel", de Marina Colasanti.

Um tigre de papel

Sabendo que a ele caberia determinar seus movimentos e controlar sua fome, o escritor começou lentamente a materializar o tigre. Não se preocupou com descrições de pelo ou patas. Preferiu introduzir a fera pelo cheiro. E o texto impregnou-se do bafo carnívoro, que parecia exalar por entre as linhas. [...]

COLASANTI, Marina. *Contos de amor rasgados*. Rio de Janeiro: Record, 2010.

Agora, localize e transcreva um substantivo determinado por:

a) um pronome:

b) um adjetivo:

c) um artigo:

d) uma locução adjetiva:

UNIDADE 6 ⟨49

Desafios da língua
A pronúncia das palavras

Para relembrar:

Classificação das palavras quanto à posição da sílaba tônica

- **Oxítona**
Acento tônico na última sílaba.
sofá, sorrir, baú, atender

- **Paroxítona**
Acento tônico na penúltima sílaba.
jovem, palavra, táxi, fácil

- **Proparoxítona**
Acento tônico na antepenúltima sílaba.
sólido, lâmpada, excêntrico

1▸ Leia as palavras a seguir em voz alta, localize a sílaba tônica, escreva-a na coluna correspondente e classifique a palavra de acordo com a posição da sílaba tônica.

	Sílaba tônica	Classificação
estranho		
socorrer		
tráfego		

	Sílaba tônica	Classificação
bazar		
liberdade		
África		

2▸ Nesta atividade você terá duas opções de palavras para completar corretamente as frases. Antes de completá-las, leia as palavras em voz alta para perceber as diferenças de tonicidade e de sentido. Em seguida, copie a palavra que preenche corretamente o sentido de cada frase.

a) Os papéis com as informações sobre a matrícula devem ser retirados na _____ da escola. (secretária/secretaria).

b) A _____ de Educação do município, Luzia dos Santos, quer que a campanha contra a dengue seja intensificada nas escolas. (secretária/secretaria)

c) Todos os _____ deveriam estar atentos às influências que as redes sociais existentes no _____ podem exercer sobre seus filhos. (país/pais)

d) Fico preocupado quando _____ alguém com algo que faço. Há coisas que podemos evitar para não causar _____ a nosso entorno: som alto, lixo mal embalado, animais soltos... (incomodo/incômodo)

e) Uma palavra simples, um gesto de carinho podem significar um grande _____ em momentos difíceis. (alivio/alívio)

f) Preciso ver se _____ o peso da mochila, pois estou com dor nas costas. (alivio/alívio)

g) Pedro abriu um novo _____ para comercializar doces de frutas. (negócio/negocio)

h) _____ hoje a venda do meu carro. (Negócio/Negocio)

3▸ Muitas palavras na língua portuguesa têm a mesma escrita e a mesma posição da sílaba tônica; o que se altera é o som aberto ou fechado de uma das vogais.
Para rever isso, você fará esta atividade primeiro oralmente para, depois, pintar nos parênteses a vogal cujo som corresponde ao da palavra indicada. Observe:
- o acento agudo para indicar o som de vogal aberta;
- o acento circunflexo para indicar o som de vogal fechada.

50 ❭ UNIDADE 6

Veja um exemplo: O **choro** (ó/ô) contínuo da criança fez muitas pessoas irem até o local.

Agora é com você:

a) Sem perceber deixou cair o **molho** (ó/ô) de tomate na toalha da mesa.

b) **Molho** (ó/ô) as plantas com água de reúso.

c) Você não cumpriu o **acordo** (ó/ô) que fizemos: avisar sempre que sair.

d) Se não **acordo** (ó/ô) cedo, me desorganizo o restante do dia.

e) Se você quiser **colher** (é/ê) flores bonitas, mexa nos vasos delicadamente com uma **colher** (é/ê) pequena para não machucar as raízes.

f) A **torre** (ó/ô) do antigo castelo tinha servido de prisão nos tempos antigos.

g) Tome cuidado e não **torre** (ó/ô) muito a carne para ela não perder o sabor.

4. Leia em voz alta a tira reproduzida a seguir.

SCHULZ, Charles M. *Snoopy:* assim é a vida, Charlie Brown. Porto Alegre: L&PM, 2013. p. 74.

a) Observando o que é dito no último quadrinho e a imagem do personagem, podemos afirmar que sua atitude ao longo da tira é de:
- envolvimento. ( )
- indiferença. ( )
- raiva. ( )
- atenção. ( )

b) Duas palavras sublinhadas nos balões de fala estão reproduzidas a seguir. Em cada uma delas, circule a vogal que indica a pronúncia adequada.
- apoio (ó/ô)
- retorno (ó/ô)

c) Forme duas frases com as palavras do item **b**, mas com o som oposto ao que você assinalou.

_____

_____

_____

_____

5. As atividades 1 a 4 enfocam aspectos de prosódia. Você estudou esse assunto na Unidade 6 de seu livro. Consulte o tópico *Desafios da língua* e complete a definição a seguir:

Prosódia é _____

_____

6. Leia em voz alta as frases a seguir e **circule, nas palavras destacadas**, onde deve recair o acento tônico, isto é, que sílaba deve ser falada mais fortemente:

a) Está ocorrendo **êxodo recorde** de pessoas da Somália em busca de melhores condições de vida na Europa.

b) Foi divulgado nesta quarta-feira o nome do ganhador do prêmio **Nobel** da Paz.

c) Com sistemas mais avançados, o usuário conta com uma multiplicidade de **caracteres** para produzir seus textos.

d) Foram localizadas as **pegadas** dos animais que atacaram o gado no interior de Goiás.

e) No último campeonato nacional de futebol de **juniores** muitos talentos foram revelados.

f) A vacinação contra a gripe é **gratuita** para os que têm mais de 60 anos.

g) Foi considerado **ruim** o resultado do Brasil nas avaliações internacionais.

h) A **rubrica** do acusado foi reconhecida nos documentos anexados ao processo.

CONHECIMENTO EM TESTE

Texto 1

SOUSA, Mauricio de. *Turma da Mônica*. São Paulo: Panini Comics.

1▸ Observe a pontuação nas falas dos quadrinhos. Pode-se afirmar que, em geral, ela foi empregada para:

a) indicar as pausas na leitura. (   )

b) apenas evitar que o leitor leia errado o texto escrito. (   )

c) indicar o sentido das palavras no texto. (   )

d) aproximar a escrita da expressividade real da fala. (   )

2ᐅ As reticências são empregadas no terceiro quadrinho porque a personagem:
   a) esqueceu o que ia dizer. ( )
   b) cansou de repetir a mesma palavra. ( )
   c) dormiu enquanto falava. ( )
   d) não concluiu o que ia dizer. ( )

3ᐅ Segundo o que Mônica leu no livro, o segredo da levitação é a concentração e o controle da mente. Observe os detalhes do último quadrinho. A imagem revela que seus amigos conseguiram levitar:
   a) com muito esforço de concentração e poder da mente. ( )
   b) depois de um cansativo exercício de pensar sobre o que desejavam. ( )
   c) apenas por se concentrar no que mais desejavam. ( )
   d) sem esforço, porque o que queriam eram coisas fáceis. ( )

Texto 2

Cavalos nunca esquecem as verdadeiras amizades

Kleison Barbosa

Os cachorros que se cuidem! Um estudo da Universidade de Rennes, na França, mostrou que os cavalos podem ser mais leais até que nossos amigos de longa data – desde que bem tratados, é claro.

A pesquisa analisou o comportamento de 20 cavalos anglo-árabes e três franceses em um estábulo em Chamberet, também na França. Os cientistas testaram o quão bem os cavalos se lembravam de um treinador do sexo feminino e das instruções que ela havia dado aos bichanos depois de oito meses longe dos animais.

Eles constataram que o animal possui uma excelente memória e que, além de recordar dos "amigos" humanos, mesmo depois de longos períodos distantes, também se lembra de informações complexas (como uma estratégia que aprendeu para resolver algum problema) por dez anos ou mais.

O resultado mostrou que os cavalos são leais, inteligentes e têm memórias de longa duração. Mas cuidado: essas lembranças são de boas e más experiências. Nada de tratar mal o animal, ok?

BARBOSA, Kleison. Cavalos nunca esquecem as verdadeiras amizades. Revista *Superinteressante*. Disponível em: <super.abril.com.br/blogs/cienciamaluca/cavalos-nunca-esquecem-as-verdadeiras-amizades/>. Acesso em: fev. 2019.

1ᐅ De acordo com a matéria, os cavalos:
   a) são capazes de se lembrar, por muito tempo, das más experiências vividas e, por isso, os cães devem tomar cuidado com eles. ( )
   b) foram capazes de se lembrar de um "amigo humano", mesmo depois de muito tempo sem ter contato com ele. ( )
   c) são mais ativos do que os cães. ( )
   d) desenvolvem memória de longa duração quando são treinados por mulheres. ( )

2ᐅ A matéria que você leu tem por objetivo:
   a) avisar as pessoas das vantagens da criação de animais mais leais que os cães. ( )
   b) alertar os criadores de cães sobre o comportamento inteligente dos cavalos. ( )
   c) revelar à população que estábulos franceses fazem experiências com animais. ( )
   d) divulgar os resultados de uma pesquisa sobre determinadas habilidades dos cavalos. ( )

3ᐅ O trecho que demonstra claramente uma opinião do autor da matéria lida é:
   a) "Cavalos nunca esquecem as verdadeiras amizades" ( )
   b) "A pesquisa analisou o comportamento de 20 cavalos anglo-árabes e três franceses em um estábulo em Chamberet, também na França." ( )
   c) "Os cientistas testaram o quão bem os cavalos se lembravam de um treinador do sexo feminino [...]" ( )
   d) "[...] mesmo depois de longos períodos distantes, [o cavalo] também se lembra de informações complexas [...]" ( )

UNIDADE 7

Histórias para ler com prazer

Oração: sujeito e predicado

Para relembrar:

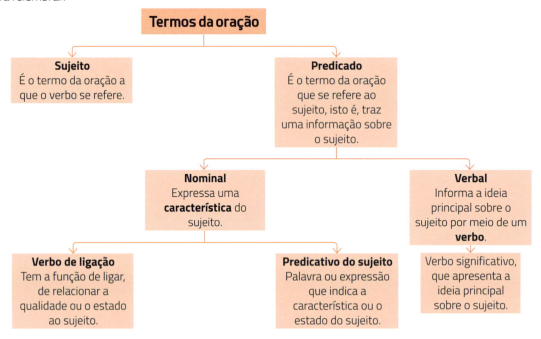

Você estudou que o predicado nominal é muito utilizado para descrever características do sujeito a que ele se refere. Nas construções com predicado nominal, o verbo liga o sujeito a seu predicativo, ou seja, a uma característica dele.

Os principais verbos de ligação são aqueles que podem ser substituídos pelo verbo *ser*: *parecer, estar, ficar, transformar, continuar, permanecer, andar*.

▶ Leia as frases a seguir, adaptadas da revista *Recreio* (n. 131, p. 24-25). Elas se referem a nosso organismo. Identifique e grife o sujeito de cada frase. Separe-o do predicado com uma barra. Copie o predicado e classifique-o em nominal ou verbal. Siga o modelo.

> Aproximadamente / 70% do nosso organismo / é formado por água.
>
> "Aproximadamente é formado por água": predicado nominal

a) O corpo tem cerca de 35 milhões de células.

_____

b) Os nervos enviam mensagens ao cérebro a uma velocidade de 360 quilômetros por hora.

_____

54 UNIDADE 7

c) A maioria dos pelos é muito pequena.

d) Só a palma das mãos, a sola dos pés e a boca não têm pelos.

e) Em um dia produzimos saliva suficiente para encher cinco xícaras.

f) Em um dia o corpo perde até dois litros de água pela urina e pelo suor.

g) O fígado é o nosso maior órgão interno.

h) As funções do fígado são muito importantes: filtragem do sangue e ajuda na digestão.

i) O cérebro de um adulto pesa em média 1,4 quilo.

j) É três vezes menor o cérebro de um recém-nascido.

k) Todos nascemos com cerca de 300 ossos.

l) O maior osso é o fêmur.

Predicado nominal e predicado verbal

1▸ Reescreva as orações da coluna da esquerda de forma a transformar o predicado nominal em predicado verbal. Sublinhe os verbos e faça as adaptações necessárias.

Predicado nominal	Predicado verbal
1. O morcego é um mamífero.	
2. Ele não é exatamente bonito.	
3. Sua pele é a base da formação de suas asas.	
4. Como os nossos, são cinco os dedos do morcego.	
5. Seu corpo é peludo.	
6. No morcego, o pelo é preto, cinzento, marrom, bege, branco, amarelo ou vermelho.	

Predicado nominal	Predicado verbal
7. São cerca de mil espécies de morcego.	
8. Os morcegos são úteis na reprodução das plantas e na garantia da sobrevivência de várias florestas.	
9. As fezes do morcego são um dos melhores fertilizantes.	
10. Por causa do radar, a escuridão não é um problema para o morcego.	

2. Grife os verbos das frases abaixo e as reescreva transformando o predicado verbal em predicado nominal sem mudar o sentido.

a) A saliva de alguns morcegos tem substâncias úteis para a fabricação de medicamentos.

_____

b) Certas espécies de morcegos manobram com agilidade.

_____

c) Esses mamíferos voam a 56 quilômetros por hora.

_____

d) Eles precisam de muita energia para o voo.

_____

Desafios da língua
Acento tônico e acento gráfico

▶ Escreva o acento gráfico nas palavras em que for necessário nas frases a seguir.

a) Muitas pessoas compram produtos farmaceuticos sem indicação medica.

_____

b) Nas grandes cidades serão usadas lampadas mais economicas para reduzir o consumo de energia.

_____

c) Todos viram quando os ultimos vagões do trem se soltaram e descarrilharam.

_____

d) O deposito da fabrica foi esvaziado para encontrar o material solicitado.

_____

e) Os espectadores ficaram encantados com a audição de musica classica.

_____

• O que há em comum entre as palavras que foram acentuadas nesta atividade?

_____

UNIDADE 8

Defender ideias e opiniões...

Formas de organizar as orações: tipos de predicado

Para relembrar:

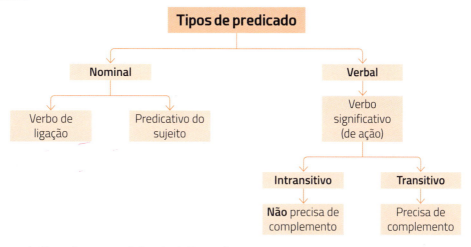

1▸ Leia a sinopse do filme *O pequeno Quinquin*, de Bruno Dumont, 2014.

> O capitão de polícia Weyden investiga a descoberta de uma vaca morta dentro de um galpão.
> O galpão era alemão e estava abandonado desde a Segunda Guerra Mundial. O pequeno Quinquin é um menino esperto, segue o capitão e parece interessado na história. Mas ele só cria confusão. Esse filme é divertido e inteligente.

Releia esta frase da sinopse e observe a análise dos termos:

                     verbo de ação

O capitão de polícia Weyden investiga a descoberta de uma vaca morta dentro de um galpão.

       sujeito   predicado verbal

a) Releia a frase a seguir e classifique os verbos e os predicados correspondentes. Para isso, preencha os espaços com os itens abaixo adequadamente.

- verbo significativo
- predicado verbal
- verbo de ligação
- predicado nominal

O galpão **era** alemão e **estava** abandonado desde a Segunda Guerra Mundial.

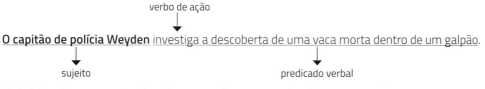

UNIDADE 8   57

b) Releia o trecho a seguir. Observe que nele o pequeno Quinquin é o sujeito das orações. Sublinhe os verbos e indique se são transitivos ou de ligação.

> O pequeno Quinquin é um menino esperto, segue o capitão e parece interessado na história.

_____

c) Na frase: "Esse filme é **divertido** e **inteligente**", escolha a alternativa que indica qual é a função das palavras destacadas.

- São atributos do filme. (   )
- São complementos do verbo de ação. (   )
- São predicativos do sujeito. (   )

2. Complete as frases a seguir com um predicativo, produzindo breves sinopses para os filmes dos cartazes.

a)
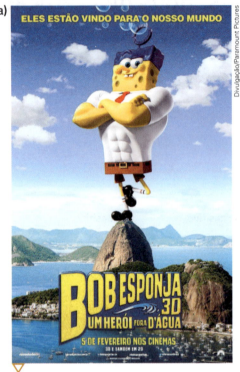
Cartaz da animação *Bob Esponja: um herói fora d'água*, de Paul Tibitt, 2015.

O filme *Bob Esponja: um herói fora d'água* está

_____

_____

b)

Cartaz do filme *Terremoto: a falha de San Andreas*, de Brad Payton, 2015.

O assunto desse filme é

_____

_____

3. Vamos falar de nariz. Leia o quadro abaixo.

Vestíbulo nasal	Região olfatória	Septo	Muco	Pelos	Conchas nasais
Nome dado a cada um dos buraquinhos do nariz. O ar entra pelos vestíbulos e segue.	Tem milhares de terminações nervosas. A gente identifica os cheiros por meio dessas terminações.	Parede que divide o nariz em duas cavidades. Cartilagem e osso formam essa parede.	Meleca produzida por células do nariz. Ele agarra partículas de sujeira, poluentes, vírus e bactérias.	Movem-se o tempo todo. Eles parecem uma vassoura. Esses pelos filtram o ar das partículas de sujeira.	Saliências na parede do vestíbulo. Elas aquecem o ar. Essas conchas servem também para umidificar o ar.

Fonte das informações: *Recreio*. São Paulo: Abril, 28 maio 2015.

58 › UNIDADE 8

Escreva o nome de cada uma das partes do nariz procurando não consultar o quadro.

a) Filtra o ar que respiramos:
_____

b) Aquecem o ar:
_____

c) Nome dado a cada um dos buraquinhos do nariz:
_____

d) Agarra vírus e bactérias:
_____

e) Divide o nariz em duas cavidades:
_____

f) Por meio dela identificamos os cheiros:
_____

4▶ Identifique e sublinhe os verbos das frases dos itens **a** e **b**. Depois, complete as informações conforme o exemplo do quadro.

> A região olfatória <u>tem</u> milhares de terminações nervosas.
>
> **sujeito**: A região olfatória
> **verbo**: tem
> **predicado**: tem milhares de terminações nervosas
>
> **tipo de verbo**: transitivo
> **tipo de predicado**: verbal
> **predicativo do sujeito**: (não há)

a) O ar entra pelos vestíbulos e segue.

- sujeito: _____
- verbo: _____
- predicado: _____
- tipo de verbo: _____
- tipo de predicado: _____
- predicativo do sujeito: _____

b) A gente identifica os cheiros por meio dessas terminações.

- sujeito: _____
- verbo: _____
- predicado: _____
- tipo de verbo: _____
- tipo de predicado: _____
- predicativo do sujeito: _____

Oração sem sujeito

Leia este bilhete, encontrado em uma casa abandonada:

> Faz dois anos que ninguém aparece por aqui. Sinto-me sozinho e amedrontado. Há dois meses não saio de casa. Aqui chove torrencialmente e anoitece muito cedo. Há muitos perigos por aqui. Morro de medo!

Nesse bilhete há orações com sujeito simples, com sujeito subentendido e sem sujeito. Nas atividades 1 a 4, vamos analisar a estrutura das orações desse texto.

1▶ O primeiro passo é encontrar os verbos. Transcreva os verbos das orações do bilhete.
_____
_____

UNIDADE 8

2. Copie as orações no quadro, distribuindo-as nas colunas conforme a classificação do sujeito.

A. Orações sem sujeito	B. Orações com sujeito simples ou subentendido

3. Transcreva as orações da coluna A do quadro anterior, conforme indicado abaixo.

   a) Expressam fenômenos da natureza.

   b) É construída com o verbo *haver* com sentido de "existir".

   c) São produzidas com o verbo *haver* ou *fazer* indicando tempo decorrido.

4. Transcreva as orações da coluna B do quadro anterior, conforme as indicações abaixo.

   a) Oração com sujeito simples.

   b) Orações com sujeito subentendido: copie-as e indique qual é o sujeito delas.

▸ Ordem frasal e efeitos de sentido no texto

▸ Leia a manchete de jornal a seguir. Observe que ela foi escrita na **ordem inversa**: predicado + sujeito.

   a) Marque com **X** a alternativa correta. Escrita desse modo, a manchete destaca:

   - o número de mortos. (   )
   - os mortos por causa do problema. (   )
   - a ação da superbactéria. (   )

   b) Reescreva a frase da manchete na ordem direta.

UNIDADE 8

Desafios da língua

Regras de acentuação

▶ Escreva a regra de acentuação que se aplica a cada grupo de palavras. Se precisar, consulte o quadro com as regras de acentuação, na página 276 de seu livro.

a) você – sofá – ninguém – carijó _____

b) céu – fogaréu – caubói – anzóis – véu _____
_____

c) difícil – horrível – louvável – fóssil _____

d) órgão – órfã – órfão – sótão – ímã _____

Monossílabos tônicos e monossílabos átonos

Reveja a regra de acentuação dos monossílabos tônicos:

> Os **monossílabos tônicos** são acentuados quando terminam em *a, e, o*, seguidos ou não de *s*.
> Os monossílabos átonos não são acentuados.
> São considerados monossílabos átonos:
> artigos: *o, os, a, as, um, uns*;
> conjunções: *mas, e, pois, nem, ou*, etc.;
> pronomes oblíquos: *me, te, se, lhe, o, os, a, as*, etc.

▶ Reescreva as frases a seguir e acentue os monossílabos destacados quando houver necessidade.

a) As **mas** notícias pegaram a todos nós de surpresa, **mas** soubemos manter a calma para decidir o que fazer.
_____
_____

b) O jogador **da** uma olhada rápida para a lateral, percebe um espaço e **da** um lançamento para o companheiro **da** esquerda fazer o gol.
_____
_____

c) Mesmo diante da seca, a **fe** do povo do sertão nordestino os mantém esperançosos.
_____

d) Não **de** folga para o cuidado: a economia **de** água tem **de** aumentar.
_____

Carlos Araújo/Arquivo da editora

Acento diferencial

Na língua portuguesa, o uso do acento para diferenciar, distinguir o sentido das palavras, só é **obrigatório** nas palavras indicadas no quadro a seguir.

Com acento	Sem acento
pôr (verbo)	por (preposição)
pôde (pretérito do verbo *poder*)	pode (presente do verbo *poder*)

UNIDADE 8

1▶ Na foto abaixo, leia o título de uma matéria publicada em jornal:

Folha de S.Paulo. São Paulo, 22 fev. 2015. Caderno Imóveis, p. 4.

▶ *design*: desenho industrial; ato de projetar, esquematizar (*to design*) um produto, de forma gráfica e esquemática, aliando aparência física e funcionalidade, tendo em conta as tendências de mercado e da produção industrial;
▶ *designer*: profissional que trabalha com *design*, na criação; desenhista industrial.

Compare o uso da palavra em destaque no título acima com o uso dela nesta frase:

> A escola **forma** indivíduos mais preparados para o mercado de trabalho.

Segundo o Acordo Ortográfico da Língua Portuguesa de 1990, podemos utilizar:
- a palavra *forma* (com a vogal *o* aberta) como sinônimo de feitio ou para referir a forma conjugada do verbo *formar*;
- a palavra *fôrma* (com a vogal *o* fechada) como sinônimo de molde, recipiente que se usa na culinária, em que se enformam alimentos para serem cozidos.

Qual é o sentido em que foi empregada a palavra em discussão no título da matéria?
_____
_____

2▶ Leia a explicação dada por um especialista sobre *forma* e *fôrma*:

> Acentuam-se, **facultativamente**:
>
> a)
>   A palavra *fôrma* (substantivo), distinta de *forma* (substantivo; 3ª pessoa do singular do presente do indicativo ou 2ª pessoa do singular do imperativo do verbo *formar*).
>   Adendo: A grafia *fôrma* (com acento gráfico) deve ser usada apenas nos casos em que houver ambiguidade.
>   [...]
>
> BECHARA, Evanildo. Disponível em: <www.academia.org.br/abl>. Acesso em: fev. 2019.

A utilização do acento diferencial é facultativa desde a entrada em vigor do Acordo Ortográfico de 1990. Ser facultativo significa que quem escreve pode ou não empregar o acento.
Qual é a provável razão de o acento diferencial ter sido usado no título da matéria jornalística em estudo?
_____
_____

CONHECIMENTO EM TESTE

Texto 1

Letrinhas
F. L. L.

Há tempos ensaio uma maneira de expressar meu inconformismo em relação a um desrespeito explícito aos telespectadores e consumidores brasileiros. O que são aquelas letrinhas minúsculas e velozes que acompanham grande parte dos comerciais televisivos e de alguns jornais? Informações indispensáveis e que, por isso, são obrigatórias nas propagandas? Creio que sim. Mas se são indispensáveis, da maneira como são veiculadas não cumprem o seu papel: o de informar o consumidor acerca de regulamentos, taxas, condições, etc. Quem é capaz de ler aquilo? É impossível. Minha revolta não se restringe à falta de informação a que continuamos sujeitos, pois com isso já estamos, de certa forma, acostumados. A pior parte é aquela em que os comerciais fingem que informam tudo a que estão obrigados e, na outra ponta, os órgãos responsáveis fingem que fiscalizam e que tudo está na mais perfeita ordem e legalidade. No meio ficamos nós, telespectadores e leitores, habituados com a falta de respeito que prevalece em nosso país, seja dos governantes, dos órgãos públicos, até mesmo do próprio povo para consigo mesmo, e, mais uma vez, colocamos nosso nariz de palhaço e fingimos que isto não nos afeta tanto. Talvez meus olhos já não estejam tão apurados assim...

Disponível em: <www1.folha.uol.com.br/folha/paineldoleitor>. Acesso em: fev. 2019.
Abreviamos o nome do autor para preservar sua identidade.

1► O autor do texto defende a ideia de que:
   a) a veiculação de informações indispensáveis de forma a não serem lidas, em comerciais, é um desrespeito aos consumidores. ( )
   b) o excesso de informações veiculadas em comerciais é um desrespeito aos consumidores. ( )
   c) a falta de informações que se possam ler revela um desrespeito aos consumidores que têm problemas visuais. ( )
   d) a ausência de informações indispensáveis em comerciais é um desrespeito aos consumidores. ( )

2► No título do texto — "Letrinhas" —, o uso da terminação *-inha*, indicando diminutivo, produz efeito de:
   a) indiferença. ( )
   b) elogio. ( )
   c) crítica. ( )
   d) delicadeza. ( )

Texto 2

WATTERSON, Bill. *Calvin e Haroldo.*

1. Na tirinha, Calvin conversa com Haroldo, seu tigre de pelúcia e amigo imaginário. O efeito de humor é alcançado principalmente devido:
   a) ao fato de o personagem conversar com um bicho de pelúcia. ( )
   b) à expressão facial de Calvin, quando imagina que a mãe pode ter saído para ter um bebê. ( )
   c) à ironia do tigre, que, ao afirmar "ela deve ter aprendido a lição", sugere indiretamente que não deve ser nada fácil ser mãe de Calvin. ( )
   d) ao fato de Calvin alterar-se emocionalmente passando de um estado calmo, enquanto joga damas, ao desespero, ao imaginar que pode ter um irmão. ( )

2. No primeiro quadrinho, a expressão "no entanto", usada por Calvin, pode ser substituída, sem que se altere o sentido da frase, por:
   a) porque. ( )
   b) mas. ( )
   c) mais. ( )
   d) embora. ( )

3. No terceiro quadrinho, Calvin diz "Um bebê?!?". Nesse caso, o uso de letras maiores e o emprego de dois pontos de interrogação e de um ponto de exclamação no fim da frase ajudam o cartunista a expressar sentimentos de:
   a) dúvida e espanto. ( )
   b) tristeza e determinação. ( )
   c) indecisão e raiva. ( )
   d) certeza e insatisfação. ( )